大学生安全教育教程

主　编　熊振倜　孙念恒　尹长源
副主编　汤浩源　李武松　毛初艾
　　　　刘三辉　张　奕　李能仁
主　审　雷久相

北京理工大学出版社
BEIJING INSTITUTE OF TECHNOLOGY PRESS

版权专有　侵权必究

图书在版编目（CIP）数据

大学生安全教育教程/熊振侗，孙念恒，尹长源主编.—北京：北京理工大学出版社，2018.9（2022.8重印）

ISBN 978-7-5682-6310-8

Ⅰ.①大…　Ⅱ.①熊…②孙…③尹…　Ⅲ.①大学生-安全教育-高等学校-教材　Ⅳ.①G645.5

中国版本图书馆 CIP 数据核字（2018）第 205208 号

出版发行 /	北京理工大学出版社有限责任公司
社　　址 /	北京市海淀区中关村南大街 5 号
邮　　编 /	100081
电　　话 /	（010）68914775（总编室）
	（010）82562903（教材售后服务热线）
	（010）68944723（其他图书服务热线）
网　　址 /	http：//www.bitpress.com.cn
经　　销 /	全国各地新华书店
印　　刷 /	唐山富达印务有限公司
开　　本 /	710 毫米 × 1000 毫米　1/16
印　　张 /	10
字　　数 /	183 千字
版　　次 /	2018 年 9 月第 1 版　2022 年 8 月第 6 次印刷
定　　价 /	33.00 元
责任编辑 /	江　立
文案编辑 /	康继超
责任校对 /	周瑞红
责任印制 /	施胜娟

图书出现印装质量问题，请拨打售后服务热线，本社负责调换

前 言

大学生是祖国和民族的未来与希望，是推动经济社会发展的重要力量，他们的健康成长与安全成才、平安顺利地完成学业，是大学生成功走向社会的重要条件，也是建设和谐校园的必然要求。近年来，危及大学生生命、财产安全的意外事故和恶性案件时有发生，给家庭、学校和社会蒙上了阴影，也使他们的美好前程毁于一旦。大学生的安全问题已成为了社会各界关注的焦点。

安全教育是生命教育，仅仅依靠社会、学校、家长对学生进行保护是不够的，重要的是引导大学生树立安全观念，形成安全意识，掌握自救自护知识，锻炼自救自护能力，使学生能够勇敢机智地处理各种危险，果断、正确地进行自救自护。

加强和改进大学生安全教育是一项长期的战略任务，也是当前和今后一个时期的重要政治任务。高职院校大学生的人身安全与健康成长，关系到我国人才发展战略的落实，事关我国高等职业教育事业的健康发展和人才培养；它既是坚持以人为本、落实科学发展观的客观要求，也是维护社会稳定、构建社会主义和谐社会的重要保障。高职院校作为培养和造就适应我国经济社会发展所需高素质人才的阵地，实施安全教育是其必须承担、不容懈怠的社会责任。目前，各高职院校都相继加大了大学生安全教育的力度，很多学校已经将安全教育相关课程开设为必修课程。

本书共分十章，分别从人身安全、自然灾害安全、意外伤害安全、火灾安全、财务安全、网络信息安全、就业安全、交通安全等方面系统地介绍了大学生安全教育的各个方面，并结合实际案例，使学生加深对安全教育重要性的理解。

编者参阅了一些文献和研究成果，主要参考文献已列于书后，在此向所有本书所引用、参考的资料的作者表示衷心感谢。由于时间仓促，书中不足之处在所难免，恳请读者批评指正，以便日后进一步完善。

编 者

目录

第一章　校园安全概述 / 1
　　第一节　校园安全危机概述 / 1
　　第二节　校园安全与法律法规 / 7

第二章　珍惜生命，确保人身安全 / 13
　　第一节　敬畏生命 / 13
　　第二节　回到常识 / 17

第三章　自然灾害危机应对 / 23
　　第一节　自然灾害概述 / 23
　　第二节　应对地震的危害 / 25
　　第三节　应对气象灾害 / 28

第四章　意外伤害危机应对 / 33
　　第一节　紧急救护概述 / 33
　　第二节　常用的急救方法 / 35
　　第三节　常见急症的处理 / 39

第五章　火灾安全危机应对 / 47
　　第一节　火灾及预防 / 47
　　第二节　火灾的扑救 / 51
　　第三节　火灾事故中的逃生 / 55

第六章　财务安全危机应对 / 60
　　第一节　高校财务安全危机概述 / 60
　　第二节　防盗与防抢 / 63
　　第三节　防骗与防勒索 / 67

第七章　网络不良信息危机应对 / 72
　　第一节　网络不良信息对大学生的侵害 / 74
　　第二节　预防网络不良信息的侵害 / 77

　　　　　第三节　预防网络违法犯罪 / 81

第八章　就业安全危机应对 / 88
　　　　　第一节　实习与兼职打工期间的安全 / 88
　　　　　第二节　防范求职安全危机 / 91

第九章　交通安全危机应对 / 95
　　　　　第一节　道路交通安全常识 / 95
　　　　　第二节　交通事故的肇事原因 / 97
　　　　　第三节　交通事故的预防与处置 / 101

第十章　维护高校稳定，构建和谐校园 / 107
　　　　　第一节　影响高校稳定的因素 / 107
　　　　　第二节　构建和谐校园 / 115

附录 A　普通高等学校学生安全教育及管理暂行规定 / 119

附录 B　高等学校校园秩序管理若干规定 / 123

附录 C　学生伤害事故处理办法 / 126

附录 D　中华人民共和国治安管理处罚法 / 132

参考文献 / 150

第一章　校园安全概述

关于"安全",《现代汉语词典》的解释是:"没有危险;不受威胁;不出事故。"安全是人类生存的基础、社会发展的前提,是个体在社会上生存的保障。美国心理学家马斯洛在他的需要层次论中将安全放在了第二位,可见安全的重要性。

在当代大学生的生活中,"安全"是高校常抓常新的重大问题,是来自父母亲友的美好祝愿,当然也是时常见诸报端的沉重叹息!大学生承载着家庭、社会的高度期望,是宝贵的人才资源。大学生的人身财产安全与身心健康是社会安定和谐的基础,是"办人民满意的高等教育"的客观要求,更是大学生求知成才的前提条件。因此,高校近年来无论在基础设施建设方面,还是在师生的安全意识方面,都提高了重视程度,加大了建设力度,并取得了长足的进步。实践证明,学习和掌握安全知识,不仅有利于保障大学生生活的正常秩序,还将使学生受益终身。

第一节　校园安全危机概述

近年来,高校每年非正常死亡人数占学生总数的十万分之五至十万分之七,而失窃现象更是屡见不鲜。大学校园安全危机的发生固然与治安形势的新情况有关,但大学生普遍缺乏安全防范意识及自我保护能力,也是不可忽视的重要因素。

一、校园安全管理工作的新难题

近年来,在我国高等教育事业快速发展的同时,高校学生管理工作也面临着许多新问题和挑战:持续扩招、多校区办学、后勤服务社会化等,加大了高校安全管理工作的工作量、复杂性和难度。

1. 高校扩招加大了安全管理的工作量

1999年以来，我国高等院校开始扩招，毛入学率已近20%。不少高校10年前的在校生数不过三四千人，如今一跃成为万人大学。高校扩招在一定程度上满足了人民群众对高等教育的需求，但学生数量成倍激增，带来了满负荷甚至超负荷运转，也增加了高校安全管理工作的难度。例如，由于学习场所有限，为争抢图书馆、自习室的座位而发生争执的现象时有发生。还有的学生干脆溜到校外网吧"上自习"，产生了安全隐患。高校学生管理队伍的数量与质量在扩招后没有及时跟进，辅导员工作量从原来管理一二百人猛增到三四百人，疲于应付，很难与学生面对面地交流与沟通，难以掌握学生的真实思想状况。

2. 多校区办学加大了安全管理的复杂性

随着高等教育的快速发展，多校区办学已成为高校办学的普遍现象，人员大量流动必然增加安全管理的复杂性。由于学生分校区住校，高年级学生对新生的传、帮、带作用大幅削弱。低年级学生在生活上的不适、学习上的压力、人际交往上的困难等许多问题都无法从高年级学生那里得到有效咨询和参照，致使优良的校风、学风难以传递。教师乘坐校车来去匆匆，不利于形成亲密融洽的师生关系。另外，不少新校区建在城郊，基础条件与文化娱乐设施不够完善，也加大了安全管理任务的繁重。

3. 后勤服务社会化加大了安全管理的难度

高校后勤服务社会化改革，优化了我国高等教育的资源配置，改善了学生的生活条件，但也给高校的安全管理工作增加了难度。大学生住宿管理的社会化、餐饮消费的社会化等，使大学生群体与社会的联系更为密切，但随之也带来了社会不良风气的负面影响。由于学生课余生活遵循市场规则运行，教师与辅导员对学生课余生活的关心和管理程度降低，许多安全问题难以及时发现和解决。

二、大学生群体成为安全危机高发人群

大学阶段是人格发展与完善的关键时期。很多学生进入大学前，没有经历过集体生活，主体意识强烈，在遭遇危机时缺乏应对经验，要么采取极端手段，要么面对伤害不知所措，这些人被专家称为H型群体，既可能成为引发安全危机的罪魁祸首，又可能成为安全危机的受害者。

1. 大学生是安全危机中的弱势群体

大学生在父母的呵护下长大，缺乏社会经验，思想单纯，面对纷繁复

杂的社会现象，缺乏对不良风气的理性认识。在自我防范意识和自我保护能力方面，大学生是典型的弱势群体。生活中，由于缺乏保管贵重物品的经验、在人际交往中上当受骗、轻视学校安全规定而引发的安全危机不胜枚举。

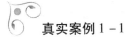真实案例 1-1

缺乏自救常识引发爆炸

湖北省某高校管理学专业的女研究生张某，傍晚回到宿舍时闻到一股强烈的液化气味。为了查看液化气灶何处漏气，她不假思索地打开了宿舍的电灯开关。就在灯亮的一瞬间，火光一闪，"轰"然巨响。开灯引起的电火花引爆了泄露在空气中的液化气。爆炸引发的大火将张某烧成重伤。

（安全事故资料由武汉某高校保卫处提供）

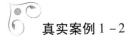真实案例 1-2

轻信中介被骗钱财

黄某是某大学大二学生。2006年5月5日，她登录一个"助学中心"网站想找份兼职。该网站称只要是大学生，注册并交纳100元报名费后，便可为其长期提供中介服务。黄某认为钱数不多就轻信了，通过银行汇去20元建档费和100元报名费。7月9日她再次登录"助学中心"查询结果时，该网站却怎么也打不开了，这才知道自己轻信了网络骗子。

（原载于《四川日报》，有删节）

活生生、血淋淋的事实警示我们：大学生在脱离父母羽翼保护后，要成长为国家栋梁之才，必须树立安全观念、形成防范意识、掌握自救知识、锻炼自救能力、机智勇敢地处置各种异常情况或危险。有关专家指出，通过教育和预防，80%的学生意外伤害事故是可以避免的。

2. 大学生犯罪率不断攀升

大学生群体不乏精英与骄子，承载着祖国与家庭的未来和期望。可近年来大学生的犯罪率不断上升，引发了社会各界对教育的反思。高智商、高学历不等于高素质。大学生处于形成人生观与世界观的关键时期，空虚、迷茫、没有信仰、心理失衡等问题最终将导致大学生无法战胜人性的弱点——贪婪、欲望、嫉妒……直至犯罪。这个过程中，很多人是因为长期压抑无法排解，遇到诱因而产生犯罪动机的。我们不能总是等到灾难发生以后才来反思和补救，高校必须加大法制宣传力度，做好预防工作。

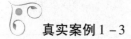
真实案例 1-3

马加爵杀人案：心理问题引发犯罪

整个 2004 年上半年，中国最引人注目的人是一个大学生。这位大学生的名字叫马加爵。

马加爵，云南大学生物系 2000 级学生。在 2004 年 2 月 13—15 日内，他先后杀死了 4 名同班同学后逃亡；3 月 15 日，逃亡到海南的他被抓捕归案；5 月 24 日，云南省昆明市人民中级法院对马加爵一审判决，判处死刑，剥夺政治权力终身；6 月 17 日，在距大学毕业的前几天，马加爵被执行死刑。

2004 年 2 月 20 日是云南大学开学报到的日子，但该校生物系有几名学生并没有报到，而他们家长也反映自己和孩子失去了联系。2 月 23 日，有学生在该校鼎新校区学生公寓闻到异味，打开 1 栋的 317 房间，异味更浓，同时发现该宿舍一柜子向外流黄红色液体，学生随即叫来学校保安。保安撬开柜子，发现里面居然装了一具男尸。保安立即向警方报案。刑警赶到现场后，撬开另外 3 个柜子，发现每个柜子里都装有一具男尸。经查，这 4 具男尸正是云南大学失踪的学生。

经排查，凶器疑为一把铁锤，而这 4 名死者学生的同班同学、同时失踪的马加爵有重大作案嫌疑。被捕后，马加爵对杀人事件供认不讳。他向警方道出了当时的实情。

4 名被杀的同学分别叫唐学李、邵瑞杰、杨开红、龚博。唐学李原本不住校，一直在校外租民房住，但那几天由于还在假期，宿舍床位普遍空着，唐学李就暂时住进了马加爵和邵瑞杰住的 317 宿舍。而邵瑞杰那几天经常跑到隔壁宿舍玩，玩晚了有时也就住在隔壁。唐学李的存在成为马加爵杀邵瑞杰的最大障碍。2 月 13 日晚，马加爵趁唐学李不备，用石工锤砸向唐学李的头部，将其砸死后，用塑料袋扎住唐的头部将其藏进衣柜锁好，并认真处理好现场。14 日晚，邵瑞杰上网回来晚了，隔壁宿舍的同学已经休息，他就回到了 317 室住。就在邵瑞杰洗脚的时候，马加爵用石工锤将邵瑞杰砸死。15 日中午，马加爵正在宿舍里处理昨夜杀死邵瑞杰时留下的血迹，这时，杨开红来到 317 宿舍找马加爵打牌，已经杀红了眼的马加爵做贼心虚，一不做二不休，用同样手段夺走了杨开红的性命。后来马加爵说，他并不想取杨开红的性命,因为觉得他平时对自己还算友好,但那时已经无法控制自己了。当晚,马加爵找到龚博,说317室里打牌正三缺一,叫龚博过去打牌。结果,龚博在当晚也惨遭马加爵的毒手。

这起案件震惊全国。经调查,马加爵的杀人动机仅仅是因为打牌等琐事,并且其自身因贫困、社交问题、学业压力等有严重的心理问题。

三、大学生面临的安全问题

1. 人身安全

所谓大学生人身安全,是指大学生在校学习期间,高校采取积极措施保障大学生的生命、健康、行动不受威胁,没有危险,营造出一个良好的学习环境的管理过程。人身安全是人类最重要的、最基本的安全需求。大学生的人身安全经常遭受非法分子的侵害或意外伤害。由于社会环境以及个人本身思想感情的影响,个别大学生还会出现自残或轻生的现象。人的生命只有一次,是不可逆的。生命的力量是顽强的,但也是非常脆弱的。在大自然面前,人身的生命安全也遭受着许多自然灾害的侵害或剥夺。

2. 财产安全

个人的财产是大学生进行学习生活的基础和保障,财产安全成为大学生最普遍、最多发的安全问题。因为大学生群体生活具有特殊性——现在许多大学校园公共空间面向社会开放,大多数大学生社会经验不足或大学生思想上的防范意识薄弱,所以大学生已经成为校内或校外不法分子作案的重点对象。同样,在自然灾害面前,大学生人群的财产也遭受着不同程度的侵害。

3. 国家安全及学校和社会稳定

目前,我国所面临的国际环境复杂多变,而许多大学生的国家安全意识不强,认识过于狭隘。随着高校改革开放深入,大学生的生活空间大大扩展,交流领域也不断拓宽。随着经济全球化和信息网络化进程的不断推进,注重国家安全意识的培养、增强国家安全观念已经日益成为高校学生素质教育中的一个重要方面。大学生对国家安全也存在着种种模糊的认识,许多大学生缺乏国家安全意识,对国家安全的认识存在局限性。大学生不能自觉地把维护国家安全与自身的责任联系起来,或多或少地、有意无意地认为"国家安全与己无关"。

4. 防火安全

大学生主要生活在校园,校园又属于人口密集的地方,住宿比较集中、设施状况比较复杂,如果不懂得安全用火用电,很容易引发火灾,进而对大学生的生命或财产造成巨大损失。大学生消防安全意识薄弱，缺乏必要的消防安全常识和自救逃生技能。消防安全没有引起他们的足够重视，以至遇上火灾险情时，惊慌失措，连起码的报警和救火扑火常识都不会，致使小灾酿成大祸，甚至丧失宝贵的生命。

5. 交通安全

据数据显示，除了一些疾病之外，车祸已经成为人类的另一大杀手。随着社会经济的发展，交通飞速发展，交通工具大量增加。大学生因车祸等交通事故死亡的人数占非正常死亡学生人数的比例非常大。大学生的交通安全意识相对薄弱，在校园内外发生的交通安全事故呈增长趋势。特别是随着高校扩招以后与基层、社区的联系日益密切，学生出行频繁，增加了交通安全隐患。学校的小轿车、摩托车、自行车越来越多，加之校园道路建设和管理滞后于高校的发展，交通设施不齐备，特别是上下课的人流高峰期间，极易发生交通事故。

6. 生活安全

大学生在校学习期间，会遇到日常生活安全、饮食安全、实习打工做兼职安全、进行体育活动安全、传染性疾病安全预防、假期回家出游安全、社会上交友以及社会事务处理等多方面给大学生人身财产造成不同程度伤害的安全问题。

7. 心理安全

随着社会经济发展，在校大学生不同程度地存在着心理问题和心理障碍，甚至有的患有心理疾病，极个别的走向了轻生的极端，最后酿成悲剧，给家庭带来了极大的伤痛。因此，大学生的心理安全应当引起高度的重视。

8. 反恐安全

国际社会中某些组织和个人采用绑架、暗杀、爆炸、空中劫持、押解人质等恐怖手段企图实现其政治目标或某项具体要求的主张和行动。恐怖主义事件主要是由极左翼和极右翼的恐怖主义团体，以及极端的民族主义、种族主义的组织和派别所组织策划、进行的恐怖活动。给国家和个人安全带来了极大的威胁。

9. 违法犯罪

根据公安机关提供的资料，当代大学生犯罪主要涉及三大类型：一是财产型犯罪，如盗窃、诈骗、抢劫等；二是暴力型犯罪，如故意杀人、故意伤害、性犯罪等；三是高科技、智能型犯罪，如利用网络犯罪、侵犯知识产权犯罪等。大学生被视为"天之骄子"，他们触犯法律身陷囹圄，不仅使父母师长蒙羞、断送美好的前程，也给社会造成了重大损失。每个大学生犯罪案件都是个人、家庭、学校、社会等多方面原因综合作用的产物，是多方面消极因素的综合体现。因此预防和减少大学生犯罪，需要社会各界的广泛关注和共同努力。

第二节 校园安全与法律法规

高校学生安全工作要取得实效，需要大学生的理解与支持。尽管国家高度重视这项工作，颁布了相关的法律法规，但从整体上看，大学生的安全意识仍亟待提高，实现从"要我安全"到"我要安全"、"我懂安全"、"我能安全"的飞跃。

一、法律法规对保障安全具有重要意义

改革开放以来，高校校园治安和大学生安全问题得到了党和国家的高度重视。大学生安全教育与管理工作已纳入社会主义法治轨道。在《中华人民共和国高等教育法》、《高等学校学生行为准则（试行）》、《高等学校校园秩序管理若干规定》、《普通高等学校学生安全教育及管理暂行规定》、《高等学校内部保卫工作规定（试行）》等法规中，既明确了学校在大学生安全教育和管理中的职责，也规定了大学生在安全教育与管理中应该享受的权利和必须履行的义务，体现了党和政府对大学生安全的高度重视，把维护大学生的安全和合法权益、对大学生进行安全教育和管理、依法治校确定为高校各级领导的法定义务，推动了高校各级组织特别是保卫部门对大学生的安全教育和管理工作。目前，各高校已按照国家的要求，逐步建立健全了大学生安全教育和管理体系。

二、大学生应具有的安全意识

1. 维护国家安全的意识

国家安全是关系到国家存亡的大事，是全国各族人民根本利益之所在。当前我国面临的环境复杂多变，安全形势不容乐观。这主要表现为：境外敌对势力和间谍情报机构为达到分化、西化中国的目的，一方面利用各种渠道，以公开或秘密的方式，传播西方的政治和经济模式、价值观念以及腐朽的生活方式，培养和平演变的"内应力量"；另一方面采取金钱收买、物质利诱、色情勾引、出国担保等手段，或打着学术交流、参观访问、洽谈业务等幌子，

刺探、套取、收买国家和单位的秘密。大学生对国家安全还停留在军事、战争、国防、领土、情报、间谍这样一些传统的、局部的认识上。当前，国家安全既包括国土安全、主权安全、政治安全、经济安全、国防安全、国民安全等传统内容，也包括文化安全、科技安全、金融安全、信息安全等方面的新内容。因此，大学生在思想认识上要全方位理解国家安全，增强国家安全意识。

2. 对社会治安形势和校园安全状况的认知意识

目前，我国正处于社会主义市场经济体制逐步完善的历史时期，政治、经济、文化等社会各个领域正在发生巨大且深刻的变化。自改革开放以来，我们党的执政能力不断加强，国家经济保持持续快速增长，经济总量已跃居世界第2位，人民生活水平总体上达到了小康水平，广大人民群众安居乐业，整个社会治安可以说是大局稳定。但我们也要清醒地看到，当今世界正处在一个大变革时期，我国也正处在改革的攻坚阶段和发展的关键时期，传统与非传统安全威胁相互交织，境内境外因素相互作用，影响社会治安大局稳定的问题仍然不少，有的地方问题还十分突出。而当今学校作为一个小社会也逐步融入了大社会当中。受社会治安状况的影响，校园犯罪也在与社会上的犯罪发生着更多的联系，犯罪种类多样化，其安全形势同样非常严峻。

3. 主动的自我防范意识和面对突发事件的应变意识

社会治安形势的严峻性和学校安全状况的多样性，势必要求每一个大学生必须积极主动地提高自我防范意识。大学生日常生活当中，无论是校内同学交往，还是校外社会活动事务的处理、交往，最重要的是要考虑安全问题，要有自我防范意识。如防火、防盗、防抢劫、防诈骗、防性侵害、防食品中毒、防交通事故、防被人殴打等。另外，大学生还要不断提高自己处理安全问题的能力。学会掌握自身安全方面的知识和技能，包括事故前如何预防灾害的危害，事故中如何有效减轻受伤害的程度，事故后如何及时施救等方面的技能。还要认真学习法律，学会用法律的武器保护自己的合法权益。

突发事件是指突然发生的事情，其事件发生、发展的速度很快，出乎意料，可能造成严重社会危害。突发事件往往是需要采取应急处置措施或非常规方法予以应对的自然灾害、事故灾难、公共卫生事件和社会安全事件，比如2008年的"5·12"汶川大地震。突发事件在生活当中可能随时出现，因此大学生必须要有面对突发事件的应变意识和能力。

4. 遵纪守法的自律意识

大学生是未来的国家栋梁，不仅要学习现代科学知识，培养专业技能，而且要有高尚的道德情操。因此，大学生要学会做人、做事，注意从点滴小事做起，坚持高标准严要求，讲文明礼貌，遵纪守法，克服不良的习惯，重视自身的道德修养，做一个人格高尚、品行端正、有较高文明素养的大学生。遵纪守法是每一个公民的义务和行为准则，更是大学生应该具备的意识。大学生具有较高的文化知识，是社会文明的群体代表。在我们这个正在走向法治化的国家里，大学生更应该是遵纪守法的楷模。当前，极少数学生法治意识淡薄，违法乱纪现象屡有发生，而且随着近年来学校办学规模扩大、校园开放，大学生违法、违纪事件呈现上升趋势。因此，作为当代大学生，必须严格自律，牢固树立遵纪守法意识，遵守社会基本准则，依法规范和约束自己的行为。要全面提高自身素质，增强法制观念，自觉遵纪守法，不去侵犯国家、集体的财产和他人的人身、财产安全，不危害社会，不参与违法犯罪活动。

5. 积极应对挫折的健康心理意识

挫折将伴随着人的一生。挫折是大学生成长中不容忽视的问题。大学生在学习、生活、健康、人际关系等方面不可避免地受到各种挫折，它直接影响着大学生的社会进程及其身心的健康发展。因此，大学生在遭遇挫折时要具备积极应对挫折的心理意识。首先，要树立正确的价值观。冷静、客观地认识挫折、分析挫折、克服挫折，有效地控制自己的情感，提高分析问题和解决问题的能力。在学习、工作和生活中，无论遇到什么困难，都要坚持正确的价值导向，努力做到方向明确、目标专一、心胸开阔、朝气蓬勃。其次，要培养健康的心理素质和心理承受能力。大学生不会永远处在学校这个象牙塔中，迟早要走入社会，而社会与学校相比，生活环境、工作条件、人际关系等大相径庭，这些变化难免会使那些心存幻想、踌躇满志的大学生，在心理上产生较大的反差和强烈的冲突。这时，健康的心理素质和心理承受能力是第一位的。只有形成健康的心理素质和承受能力，使自己在心理意识上与外部环境协调一致，才能正确对待社会的复杂性、多样化，消除自己在认知社会进程中的心理异常现象，促进认识结构各要素间的关系相互协调发展，自我调整心态，克服心理障碍，提高意志行为水平，避免情绪的极端化。

三、大学生应掌握的安全知识

1. 维护国家安全、保守国家秘密、维护校园稳定的知识

大学生应当了解国家相关法律法规以及维护国家安全、国家机密保密条例，维护校园政治稳定，构建和谐校园，遵守外事纪律，掌握涉外安全方面

的知识。

危害国家安全的5种行为如下。

(1) 阴谋颠覆政府，分裂国家，推翻社会主义制度的行为。如"台独"分子一直没有放弃分裂活动，达赖集团也在境外成立了"流亡政府"，"东突"势力也在国内大搞破坏、谋杀、爆炸等活动。

(2) 参加境外各种间谍组织，或者接受间谍组织或代理人的任务的行为。无论行为人是否接受了间谍组织的任务，是否进行了窃取、刺探、收买、非法提供情报或其他破坏活动，只要参加了间谍组织，即构成了间谍犯罪。未参加间谍组织，却接受了间谍组织或其代理人的任务，也不管其任务实现与否，不影响间谍犯罪的成立。

(3) 窃取、刺探、收买、非法提供国家秘密的行为。一般指在未参加间谍组织，也没接受其代理人任务的情况下，主动为间谍机构窃取、刺探、收买、提供情报。不管情报是否到了间谍手中，都不影响间谍犯罪的成立，就属于危害国家安全的行为。

(4) 策动、勾引、收买国家工作人员叛变或者将防地设施、武器装备交付他国或敌方的行为。

(5) 进行危害国家安全的其他破坏活动的行为。

①组织、策划或者实施危害国家安全的恐怖活动的。

②捏造、歪曲事实，发表、散布文字或者言论，或者制作、传播音像制品，危害国家安全的。

③利用设立社会团体或者企业、事业组织，进行危害国家安全活动的。

④利用宗教进行危害国家安全活动的。

⑤制造民族纠纷，煽动民族分裂，危害国家安全的。

⑥境外个人违反有关规定，不听劝阻，擅自会见境内有危害国家安全行为或者有危害国家安全行为重大嫌疑的人员的。

真实案例1-4

买加，男，1973年1月生，1993年9月考入北京某大学。买加入学以后，与一些民族分裂主义分子频繁接触。1994年8月，在新疆制造爆炸事件的民族分裂主义分子艾某跑到北京与买加直接联系。艾某被抓获后，买加不但不引以为戒，反而在分裂祖国的罪恶道路上越走越远，越陷越深。由于参加非法活动，他知道自己被有关部门"重视"。1994年年底，他以学习跟不上为由离校出走。西方敌对势力打着建立"××××斯坦共和国"的旗号，企图把新疆从祖国分裂出去。买加正是迎合了西方敌对势力的需要，弃学归疆后，更加肆无忌惮,与分裂主义分子打得火热。为了实现他们分裂祖国的不可告人的目的,他加入了"××解放组织党",并成为该组织五名重要成员之一。1995年的某一天,正当他们做着黄粱美梦、肆无忌惮地四处活动时,被新疆公安部门抓捕归案,买加与他的同党均落入法网。

[案例解析]

境外一些敌对组织和敌对势力一直虎视眈眈地注视着中国,稍有风吹草动,他们就会迫不及待地跳出来,大搞破坏活动,利用国内一些激进分子煽动闹事,破坏民族团结,破坏祖国统一,买加就是这些敌对组织的一颗棋子。祖国的利益神圣不可侵犯,祖国的统一、民族的团结更不容许遭到破坏,等待破坏分子的只能是人民的审判。

2. 防范恐怖活动、应对突发事件的知识

在出现突发事件时,要懂得如何应对不同类型的突发事件,并掌握相关的救助措施。

3. 防范火灾、交通事故的知识

了解火灾事故产生的原因和产生条件,火灾的预防措施以及火灾不同阶段的扑救方式,不同灭火器的用途、使用方法及火灾中的救助和自救的方法,火灾的正确报警。

行人、非机动车、机动车驾驶员应遵守交通规则。大学生应了解交通事故的主要类型及相应处理方面的知识。

4. 维护人身财产安全方面的知识

包括如何防盗、防抢劫、防诈骗、防性侵害、防食品中毒、防被人殴打等伤害方面的知识以及在受到侵害后如何自救和报警等方面的知识。

5. 科学使用网络方面的安全知识

大学生既要掌握网络安全的基础知识,还要掌握相应的保护措施和手段。主要包括网上不良信息的抵御,上网的生理心理安全及预防网络诈骗犯罪方面的知识;还有网络操作系统的安全设置及漏洞补丁的下载安装、文档的安全及加密、IE(Internet Explorer)浏览器及电子邮箱的安全设置及使用、杀毒软件及防火墙的配置和使用等多方面的知识。

6. 保障教学安全方面的知识

包括教室学习、自习、实验、实习、社会实践以及各种体育活动等方面的安全知识。

7. 心理安全方面的知识

包括对正常的恐惧、担心、悲伤、愤怒等情绪反应的了解,以及不健康的心理表现，性心理健康知识，预防不健康心理的方法和措施等方面的知识。

8. 预防大学生违法犯罪方面的知识

包括对大学生进行违法犯罪活动的主要形式的了解，大学生违法犯罪心理的形成以及大学生违反学校规章制度的表现等方面的知识。

9. 日常生活中的安全知识

包括大学日常生活方方面面的安全知识。吃、穿、住、行、用以及进行社会活动安全，人身财产、生命安全等方面的知识。

第二章 珍惜生命，确保人身安全

近年来，新闻媒体关于大学生自杀的接连报道引起了社会各界的普遍关注。人们在深深为之惋惜、痛心的同时，也在积极探索、研究其中的原因和教育对策。生命既是个体一切价值的本体，也是个体一切价值的载体。那么应如何认识大学生因"竞选班干部失败""唱歌跑调被同学嘲笑""考试成绩不理想""学业压力""经济压力""情感挫折"等一些小事或常事就"毅然决然"地放弃生命这个问题呢？如果我们早一点补上"生命教育"这一课，早一点让大学生了解自身生命的重要性，也许就能避免许多悲剧。

第一节 敬畏生命

无论是从生物学的角度还是从社会学的角度看，教育的一个重要使命就是培养具有顽强生存能力、勇于改善生存条件、不断提升生命和生活质量的个体。大学生自杀，无论出于怎样的原因或理由，都在一定程度上表明了他们自身生命意志的孱弱。殊不知，在人们的心中，大学生是同龄人中的优胜者，承载着更多的民族与国家的希望。

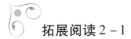
拓展阅读2-1

我很重要（节选）
毕淑敏

我是由无数星辰日月草木山川的精华汇聚而成的。只要计算一下我们一生吃进去多少谷物，饮下了多少清水，才凝聚成这具美好的躯体，我们一定会为那数字的庞大而惊讶。平日里，我们尚要珍惜一粒米、一叶菜，难道可以对亿万粒菽粟、亿万滴甘露濡养的万物之灵，掉以丝毫的轻心吗？

当我在博物馆里看到北京猿人窄小的额和前凸的嘴时，我为人类原始时期的粗糙而黯然。他们精心打制出的石器，用今天的目光看来不过是极简单的玩具。如今很幼小的孩童，就能熟练地操纵语言，我们才意识到人类已经在进化之路上前进了多远。我们的头颅就是一部历史，无数祖先进步的痕迹储存于脑海深处。我们是一株亿万年苍老树干上最新萌发的绿叶，不单属于自身，更属于土地。人类的精神之火，是连绵不断的链条，作为精致的一环，我们否认了自身的重要，就是推卸了一种神圣的承诺。

回溯我们诞生的过程，两组生命基因的嵌合，更是充满了人所不能把握的偶然性。我们每一个个体，都是机遇的产物。

常常遥想，如果是另一个男人和另一个女人，就绝不会有今天的我……

即使是这一个男人和这一个女人，如果换了一个时辰相爱，也不会有此刻的我……

即使是这一个男人和这一个女人在这一个时辰，由于一片小小落叶或是清脆鸟啼的打搅，依然可能不会有如此的我……

一种令人怅然以至走入恐惧的想象，像雾霭一般不可避免地缓缓升起，模糊了我们的来路和去处，令人不得不断然打住思绪。

我们的生命，端坐于概率垒就的金字塔的顶端。面对大自然的鬼斧神工，我们还有权利和资格说我不重要吗？

对于我们的父母，我们永远是不可重复的孤本。无论他们有多少儿女，我们都是独特的一个。

假如我不存在了，他们就空留一份慈爱，在风中蛛丝般无所附丽地飘荡。

假如我生了病，他们的心就会皱缩成石块，无数次向上苍祈祷我的康复，甚至愿灾痛以十倍的烈度降临于他们自身，以换取我的平安。

我的每一滴成功，都如同经过放大镜，进入他们的瞳孔，摄入他们的心底。

假如我们先他们而去，他们的白发会从日出垂到日暮，他们的泪水会使太平洋为之涨潮。

面对这无法承载的亲情，我们还敢说我不重要吗？

我对于我的工作、我的事业，是不可或缺的主宰。我的独出心裁的创意，像鸽群一般在天空翱翔，只有我才捉得住它们的羽毛。我的设想像珍珠一般散落在海滩上，等待着我把它用金线串起。我的意志向前延伸，直到地平线消失的远方……

没有人能替代我，就像我不能替代别人。我很重要。

一、生命价值观

在我国蓬勃兴起的生命教育实践中,教育工作者们普遍认识到,大学生的生死观教育是其中的重点与难点。大学生对新生事物是最敏感的,也是最富于创造性和开拓性的,从这一意义上说,他们也往往是社会转型期承受压力和挑战最大的群体。

大学生虽然在高考中胜出,但由于中小学校在社会综合压力下少有时间顾及学生社会生活的多元需要,导致了他们在步入大学后普遍表现出社会适应能力较弱、社会责任感不强、自我意识狭隘、缺乏独立面对和解决社会生活中各种复杂问题的能力等倾向。当他们面临新的压力和冲突时,只能听任命运的肆意摆布。大学生的自杀、弑亲、伤害同学与老师的事件不时地成为报纸头版新闻。在全社会都在关注这些严重问题的时候,一些学者的研究为大学生的迷思指点了破解之路。总的来看,专家们提倡在生死观教育中增加"生命价值观"的内容。

目前我们的生死观教育还偏重于"生死抉择观"方面,宣传在特定时期(战争年代)、针对特定人物(军人、共产党员等)、在特定场景下(为事业而牺牲)倡导的生死抉择标准,鼓励人为了战争胜利、为了革命事业勇于献出宝贵生命。现代社会,当一个公民遭遇他人遇险时,我们仍然要提倡挺身而出、援之以手,要有不怕牺牲的勇气和行为。但是在和平年代,仅有生死抉择观的生命教育是缺位的。生死抉择观应该包括在生命价值观这个更大的范畴之内。

生命价值观确立的标准就是,无论什么情况,面对任何事情,人的生命都是最宝贵的。呵护自我生命的健康成长应该置于所有人最优先考虑的位置。在大力倡导和谐社会、科学发展观、以人为本精神的今天,在很少遭遇战争年代那么严酷的生死抉择的时候,需要我们学会用生命价值观指导自己,任何时候不走自绝之路,灾难来临时尽可能地保全珍贵的生命。同时推而知之,他人的生命更是弥足珍贵,对任何生命的残杀都将受到严厉的制裁,何况是自己的父母、亲人、同学。

二、理清自我实现

在某年的春晚小品中,有笑星说:"人生的最大痛苦是,人活着钱没了。"博来一片笑声。这句话在社会上也广泛流传,其深层的意义就在于探讨人生的目的。在马斯洛的需求层次理论中,"自我实现"成为人最高层级的需求。而实践中,我们每一个人都在追逐理想的过程里走向"自我实现"。如果人生的目的是自我实现,那么为了实现目标而不择手段就变成理所应当了;而一旦无法实现既定目标,也就有理由轻生厌世了。哲学家康德曾用一句名言点亮了我们生命的灯塔,那就是——"人是目的,不是手段。"

在日常生活中,我们混淆了"自我表现"与"自我实现"的概念。一个生命体经过努力,会获得名、利、权、位等奋斗成果,但这些外在的成就只是"表现"。如果我们一定要追求"自我实现"的话,就必须对它有准确的认识。

1. 人人都可以完成"自我实现"

不是只有"考第一"才是自我实现。如果那样,第二名以下就没有希望了。成功是没有模式的。每个人的基础不一样、天赋不一样、性格不一样,怎么可能挤在同一条路上追求同样的目标?因此,我们的问题不是理想无法实现,而是理想根本就树立错了。

2. "自我实现"应当与快乐同行

台湾大学的傅佩荣教授用"无根、无心、无情"总结了现代人的困境。他指出现代人与自然脱节、与家庭疏离,只知道向外求索,没有办法经营内在世界,最后变成一个情感薄弱的人,与任何人、任何事、任何物都没有深厚的情感。这样的人生当然无趣。因为人生来就要追求快乐,只有找到充实、幸福的感觉才实现了人生的价值。

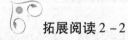

拓展阅读 2-2

乘电梯

一位总经理早上赶去公司开会,时间紧迫,他一走进电梯就按下了十楼的电钮。忽然跑进来一对小朋友,他们觉得乘电梯很有趣,就把每一层楼的电钮都按亮了。总经理非常着急也非常生气,怒视着两个小朋友却没有办法。

这其实就是两种人生态度。总经理一心想着目标,不耐烦乘电梯的过程,急于到达目的地,因此忽略了搭电梯的乐趣。那两个小朋友把乘电梯作为目的,而不在意去哪里。这个小故事给我们的启示就是,人生好比登山,当你心中只想着登到山顶这个目的时,你就无心欣赏沿途的风景,辛辛苦苦达到山顶后才发现,你失去的比得到的要多得多。

三、珍惜生命中的每一天

心理学家弗朗克认为，人生是有意义的，原因有三点：一是有工作可以做；二是有人可以关怀；三是有痛苦可以受。这三点分别针对人的身、心、灵而言——首先，通过工作感受到自己的作用，因而肯定自身的存在；其次，即使赋闲在家也有情意牵挂，因而珍惜自身的存在；最后，即使历经痛苦的考验，也可以经由身心的淬炼，凝结出灵性的体悟，因而了解了自身存在的意义。

人生的意义竟然在于"有痛苦可以受"?! 有专家分析指出，人生的痛苦大概可以分成三个层次。

（1）身体上的痛苦，如挨饿、受冻、生病、衰老等，这是生物的共同宿命，不必怨叹。

（2）心理上的痛苦，是人类比较明显的特征。只有人类愿意在"比较"中生存，比漂亮、比健康、比富有、比权势，甚至不仅和别人比，也和自己比，比过去、比现在、比未来，在欲望中苦苦挣扎。

（3）灵性上的痛苦，是把一切归于"虚无"的无望之苦。近年来，大学生自杀现象越来越多，就是源于这种"活着没有希望"的念头。真实的人生是在分分秒秒、琐琐碎碎、朝朝暮暮、来来去去中，一步一步走过的。如果错过了不同阶段的景观，人生的拼图不可能完整。因此，大学生只要树立"过程重于目的"的观念，活在当下、珍惜生命中的每一天，就可能安排好生命的重心、摆脱现代人的困境，从平凡生活中找到乐趣与自我实现。

第二节 回到常识

大学生的身份，寄托着个人前途、家庭乃至国家的希望，就像古人所说的"修身、齐家、治国、平天下"，大学生对自我行为的管理是社会管理的基础。遗憾的是，我们常常见到存在这些问题的大学生：亚健康状态、心理疾病、人际失谐、越轨犯罪等。

德国哲学家黑格尔认为，一个立志有大成就的人，必须知道限制自己。反之，什么事情都想做的人，其实什么事都做不成。关于自我控制，中国是"礼仪之邦"，许多传统美德约束我们要肩负责任与义务、控制欲望。而现代社会，人口压力、竞争压力、居住条件、环境因素等导致了人际关系的衰竭，进而导致了人性的丧失。对于当代大学生来说，保护自己的基础就是"回到常识"、抵制不良习惯。

一、不做"瘾君子"

上海市高教研究所的研究人员调查发现,高校有 1/4 以上的男生抽烟,不少大学生以所抽香烟的品牌来表明自己的"身价"。虽然国家教育行政管理部门明文禁止大学生在校园喝酒,但是在一些高校中大学生喝酒之风却很盛行。除了节假日外,一些学生有事无事便找借口聚餐喝酒,同学生日要请客,拿了奖学金要请客,当了学生干部要请客,找到好工作更要请客等。在这些高校,烟不离手、酒不离口的"烟鬼酒神",与街头高扬的"大学生志愿者"的大旗和校园中孜孜不倦地埋头苦读的学子,形成了鲜明的对照。

校园内的"瘾君子"是怎样"成长"起来的?主要是社会大环境的影响。在社会上,抽烟似乎已成为一种社交手段,不少学生把抽烟视为一种时尚,认为是男子汉形象的标志之一,甚至一些女生也认为是一种时尚。但是,吸烟严重影响健康,危害颇多。

(1) 吸烟是以牺牲自己和他人健康为代价的。香烟中的尼古丁、焦油等有害成分是致癌物质。有人认为,每吸一支烟就要减少 12 分钟的寿命,而被动吸烟者所受到的身体损害更大。

(2) 破坏优美的校园环境。大学是知识的殿堂,只有创造优美的育人环境,才能真正培养出高素质的人才。"瘾君子"们整天烟不离手、吞云吐雾,烟蒂不分场合随处丢,既损害自己和他人的健康,又会破坏校园环境。

(3) 容易引发火灾。特别是酗酒以后吸烟,更容易引发火灾,给学校公共财产和自己的财产带来重大损失。

(4) 造成不必要的经济负担,从而引发偷盗等犯罪行为,损害大学生的良好社会形象。现在有一些学生爱面子、摆阔气,出手全是名牌香烟,经济上负担不起便把罪恶之手伸向他人钱包,从而走上歧途,荒废学业,虚度年华,严重损害了大学生的群体形象。

二、饮酒过量危害身体

酒精是中枢神经抑制剂。少量饮酒会使人表现出轻度愉快、言语增多、行为轻浮、情绪失控等症状,但随着饮酒量的增加,对中枢神经的抑制作用会逐渐增强,从而引发言语无度、行为失控、极度兴奋等现象,易引发意外事故。另外,饮酒过量还可能造成酒精中毒,对大脑、胃、肝脏等造成损害。

重度酒精中毒会出现昏厥休克、呼吸困难、瞳孔放大、双目失明、肝功能衰竭等症状，直至死亡。

真实案例 2-1

某高校学生王某在饭店过生日，宴请一帮同学、朋友。在你来我往的劝酒中，该生饮酒过量，造成行为失控，不听旁人劝阻，无辜将该饭店桌椅砸坏，用手将隔断玻璃打碎，结果右手腕被玻璃扎伤，血流不止，缝合了十余针。事后，该学生不但要赔偿饭店餐具、桌椅等损失1100元，还受到了治安处罚。

[点评]

生日宴本是同学、朋友在一起沟通感情、加深友谊的聚会，但是王某由于不胜酒力，又禁不住同学的劝酒，以致饮酒过量，醉酒后又无法控制自己的行为，造成身体和经济受损的后果。

大学生中越来越严重的酗酒风气让人忧虑。校园外的灯红酒绿、寝室中的推杯换盏、迪吧歌厅里的醉生梦死……种种酗酒行为严重地威胁着青少年的健康成长。我们认为，有许多方式可以表达感情，不一定非要一醉方休。防止酗酒，大学生要特别注意以下几种错误的观念和做法。

（1）"今朝有酒今朝醉"，"借酒浇愁"，这在实质上是逃避现实、自暴自弃的表现。

（2）片面理解"酒逢知己千杯少"，认为交朋友离不开饮酒作乐，事实上这样的"酒肉朋友"未必靠得住。

（3）错误地认为"男子汉天生应当会喝酒"。其实，用这种标准来衡量"男子汉"未免失之偏颇，"会酒未必真豪杰，忌酒如何不丈夫"。

（4）逢场作戏，为"助兴"而即席端杯，或出于好奇而涉足，这种人最容易成为被摆弄的对象。

（5）硬着头皮充好汉，说什么"舍命陪君子""为知己即便是敌敌畏也要喝下去""一醉方休"等，其实这种人多数酒量并不大，只是想博取他人的心悦诚服，最终却往往授人以笑柄。

另外，过量饮酒后，人体血液中的酒精达到一定浓度时，就会使大脑皮质受到抑制，下级中枢神经失去控制，人的识别力、注意力、记忆力、洞察力与自控力都变得很差，失言、失礼、失德之事就在此时发生。许多人在这种失去理智的状态下与周围的人发生冲突，如打架斗殴、寻衅滋事、伤害他人。酒后滋事已成为大学生恶性斗殴事件的主要原因之一。

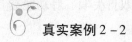

真实案例 2-2

酒后聚众斗殴酿命案

某大学体育学院学生魏某等10余人某日在一酒吧聚会，饮酒过量，与邻桌的蒲某等人发生矛盾。蒲某打电话叫来马某等10人准备打架，魏某也打电话纠集20余名同学（其中有两人携带钢管）聚集到酒吧内，大打出手。当马某跑至该大学西门口乘一辆出租车准备逃走时，被追上来的魏某等人强行拉下车，拳打脚踢，并持钢管击其头部，致其死亡。

犯罪嫌疑人魏某、梁某、卢某已被依法刑事拘留，王某等5人被依法取保候审。

[点评]

魏某等人为了一点小事，在酒精的作用下，争勇斗狠，在受害方认输的前提下，仍然追打对方，导致一人死亡，结果是触犯了法律。酒后在失去理智的状态下很容易对周围的人破口谩骂，动手殴打，或者从事一些莫名其妙的破坏活动。因酒后打架斗殴、寻衅滋事、伤害他人而被刑事拘留的案例比比皆是，惨痛的教训实在太深刻了。

[提示]

预防酗酒，大学生应注意两点：一是不断提高自己的修养和自控能力，不要刻意地去培养或放任自己的饮酒习惯；二是饮酒一定要掌握尺度，量力而行，适可而止。同时，劝酒时也要举止得体，掌握分寸，切不可纠缠不休，强加于人。

三、拒绝色情诱惑

所谓淫秽物品，是指具有描绘性行为或者露骨宣扬色情的淫秽性的书刊、影片、录像带、录音带、图片及其他淫秽物品。个别同学不知深浅涉足淫秽物品后，如陷入泥潭，不能自拔，整日精神萎靡、心神不定、想入非非，以致荒废学业，有的还坠入违法犯罪的深渊，彻底毁了自己。

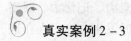

真实案例 2-3

淫秽录像之害

西安某高校机电工程学院学生许某，平时经常从网上看一些淫秽色情小说、图片和录像片，还从不法分子手中买来淫秽光盘在宿舍的计算机上观看。受其毒害，他经常是神情恍惚，根本无心学习，经常旷课，学习成绩也急剧下降。更可怕的是，某天晚上他独自一人来到西安火车站天桥处，冒充是某电管局局长的儿子，以帮忙找工作为名，将一名甘肃来打工的青年女子叫到环城公园里进行流氓猥亵，被公安机关巡逻人员抓获，受到惩处。

对于淫秽物品，要坚决做到不看、不传，更不能走私、制作和贩卖。大学生应培养高尚的情操，读好书，结好友，参加有益的、健康向上的文娱活动，力戒单纯追求感官刺激，努力脱离低级趣味，做有真才实学的人。大学生作为社会群体中的一分子，难免受到社会上各种现象的影响。色情场所是社会上存在的一种极其丑恶的现象。大学生若不自觉抵制色情诱惑，将会极大地破坏大学生的形象，影响身心健康，走向犯罪的深渊。

四、拒绝毒品

毒品是指出于非医疗目的而反复连续使用能够产生依赖性（即成瘾性）的药品。我国刑法将毒品分为两大类：一类是麻醉药品，如鸦片、海洛因、吗啡、杜冷丁等，对人体中枢神经系统具有抑制、兴奋等作用，服用后极易使人产生生理依赖，形成瘾癖；另一类是精神药品，如冰毒（甲基苯丙胺）、摇头丸、安喹酮等，服用后能产生兴奋、抑制、致幻作用，使人心理上产生极强的依赖性。据相关资料显示，我国登记在册的吸毒者已达100多万人，现有吸毒者已近200万人，每年因吸食毒品的耗费就高达400亿元人民币。

近年来，发生在大学生中的吸毒贩毒案件有明显上升的趋势。究其原因，一是对毒品知识及危害不甚了解（据调查，在青少年吸毒者中，80%以上是在不知道毒品危害的情况下吸毒成瘾的）；二是对与毒品有关的法律知识不了解或一知半解，从而导致违法犯罪事件的发生。所以，青年大学生应该科学地认识毒品，自觉地维护社会稳定和法律秩序，"珍爱生命，拒绝毒品"，做一个守法的合格公民。

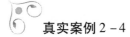

真实案例2-4

吸毒断送前程

陈某，海南省澄迈县金江镇人，就读于石家庄某医学院中西医专科。某日，放寒假在家休息的陈某应朋友邀请到歌舞厅唱歌。在歌舞厅包厢里，陈某轻信了朋友"吸一点,不会上瘾"的劝说,半推半就地用吸管吸了毒。从此一发不可收拾,整个寒假里,一有朋友相邀就去泡歌厅,吸毒的次数多了,也就慢慢地上瘾了。

寒假结束后,毒瘾越来越大的陈某拿着父母给的5000元学费和生活费,谎称上学而离开了家门,到海口市坡博村租了一处民房开始了他的职业吸毒生涯。数日后,陈某谎称学校马上要安排他们实习,要求父母每月给1000元生活费。拿着父母给的生活费,陈某在海口过上了"夜游神"似的生活,上午睡觉,下午闲逛,晚上吸毒。

一天深夜,几个毒友正聚在陈某租住的地方吸毒,被民警逮个正着。第二天,陈某父母接到民警打来的电话,在得知儿子在海口吸毒被抓时,陈母当时就晕倒在地。

[点评]

吸毒贩毒是违法犯罪行为。陈某因结识社会上的不良青年到歌舞厅"消费、娱乐"而染上毒品,误入歧途,把家长辛辛苦苦挣来用以交纳学费、生活费的血汗钱拿来吸毒,以至于发展到放弃学业,向家人骗钱,开始"职业吸毒生涯"的地步。最后,被公安民警抓获。悲哉!

综合其他大学生吸毒的案例来看,大学生吸毒大都是吸毒贩毒分子怂恿和引诱的结果。吸毒贩毒分子以"好朋友"、"铁哥们"的身份,与大学生套近乎、拉关系,利用大学生社会阅历较少、思想单纯、对毒品不甚了解、喜欢追求时尚、对新奇事物较易接受的特点,用"找一下吸毒的感觉""尝尝新鲜""吸毒减肥""吸一口不要紧"等刺激性语言,极力怂恿,使个别大学生深陷其中,不能自拔,走上违法犯罪道路。也有少数大学生是因为某种心理因素而吸食毒品的,如"失恋痛苦""寻求解脱"等。

"毒海无涯,回头是岸"。吸食毒品害人害己,青年大学生要做到"5个不要",坚决防范和抵制毒品。

(1) 不要吸烟,尤其不要吸来历不明的烟或别人再三怂恿递过来的烟。

(2) 不要因好奇而吸毒,不要听信吸毒是"高级享受""吸一次不会成瘾"之类的谎言。

(3) 不要盲目追星、赶时髦、贪图享受去吸毒,坚信"吸毒一口,痛苦一生"。

(4) 不要结交有吸毒、贩毒行为的人。

(5) 不要在吸毒场所停留。

第三章 自然灾害危机应对

凡是危害人类生命财产和生存条件的各类事件统称为灾害。纵观人类历史可以看出,灾害的发生原因主要有两种情况:一是自然变异;二是人为影响。因此,通常把以自然变异为主要原因产生的灾害称为"自然灾害",如地震、海啸、暴雪等;将以人类影响为主要原因产生的灾害称为"人为灾害",如人为引起的火灾和交通事故等。

第一节 自然灾害概述

大自然是人类赖以生存的环境。当这一环境发生变异,人类的生活必然受到严重影响。尽管任何灾害的发生都有一个孕育过程,但很多自然灾害发生的规律还不被人类掌握,因而无法事先准确预测。自然灾害对人类社会造成的危害往往是触目惊心的。它们之中既有地震、火山爆发、泥石流、海啸、台风、洪水等突发性灾害;也有地面沉降、土地沙漠化、干旱、海岸线变化等在较长时间中才能逐渐显现的渐变性灾害;还有臭氧层变化、水体污染、水土流失、酸雨等人类活动导致的环境灾害。学会应对自然灾害不仅能够对大学生的安全起到保护作用,而且能够对其他社会成员起到一定的救助作用。

一、了解学校所在地域的生态环境

因自然灾害引起的突发重大事件包括破坏性地震、突发的大风、暴雨、冰雹、高温、寒潮、沙尘暴、暴雪、洪水、泥石流、山体滑坡等灾害,这些灾害都可能造成房屋倒塌或人员伤亡,引起交通阻断,严重影响正常的生产生活。由于自然灾害一般具有季节性、地域性,在校大学生首先应当了解学校所在地区曾经发生过的重大自然灾害。

地球上的自然变异,包括人类活动诱发的自然变异,随时随地都在发生。

当这种变异给人类社会带来危害时，即构成自然灾害。但自然灾害的形成并不是先天性的，有很大一部分是由于人为的原因造成的。人类过度的采伐开采等活动使地质被破坏，导致水土流失；围湖造田使湖泊蓄水功能下降，致使洪水泛滥；二氧化碳的大量排放使温度上升，导致海平面上升，淹没低洼陆地和岛屿；石油泄漏，使海洋被污染、鸟类死亡；河水富营养化，使鱼虾死亡……大学生应该树立保护环境的意识，自觉维护生态平衡。我国在环保方面颁布了大量的法律法规，面对违法行为，大学生要拿起法律武器，为改善当地环境做出自己的贡献。

二、掌握气象预警信号的级别及含义

气象每天伴随着我们，起风、落雨、下雪，这些看起来平常的自然现象，实际上都和我们的生活息息相关。当这些气候现象超过一定的强度，就有可能对我们的生活和生产造成破坏和损失。一般来讲，对于这种突发的气象灾害，有关部门会发布预警信号。这些预警信号共有 11 种，分别是：台风、暴雨、高温、寒潮、大雾、沙尘暴、雷雨大风、大风、冰雹、雪灾和道路结冰。每种预警信号又分为 4 级，按照灾害的严重性和紧急程度，分成 4 种颜色：蓝色代表一般，黄色代表较重，橙色代表严重，红色代表特别严重。这些信号一目了然，简单易懂。掌握这些预警信号，大家就可以根据气象部门发布的各种预警信号，事先做好相应的防范措施。

三、冷静应对自然灾害事件

学会冷静应对自然灾害事件是对大学生的基本要求。在认识的基础上，大学生还要掌握自我保护和求助及逃生的基本技能。目前我国公众急救知识欠缺，对人工呼吸、心力衰竭急救、包扎伤口等生活中的急救技能的培训严重不足。我国公众对现场急救的认识水平与发达国家相比有很大的差距。很少有人认为急救与自己有关，遇到伤者最积极的行为不过是给 120、110 打电话。

四、牢记八字歌诀

避免自然灾害、减少损失，在一代又一代人的努力下，逐渐总结出了八字歌诀——学、备、听、察、断、抗、救、保。

（1）学。要学习有关各种灾害及避险的知识。

（2）备。做好个人、家庭物资准备，必备的10项防灾器材包括：清洁水、食品、常用医药、雨伞、手电筒、御寒用品和生活必需品、收音机、手机、绳索、适量现金。此外必须增强防灾心理素质，面对灾害，不必过于紧张、惊慌、恐惧，要保持乐观心态，尽量放松，不要对外来援救失去信心。

（3）听。通过多种渠道，如电视、广播、报纸、公交车天气警报显示、手机短信等，及时收看收听各级气象部门发布的灾害信息，不可听信谣传。

（4）察。密切注意观察周围环境的变化情况，一旦发现某种异常现象，要尽快向有关部门报告，请专业部门判断，提供对策措施。

（5）断。在救灾行动中，首先要切断可能导致发生灾害的电、煤气、水等灾源。

（6）抗。灾害一旦发生，要有大无畏精神，号召大家避险抗灾。

（7）救。利用已经学过的一些救助知识，组织自救和互救，在大火、大水中互相帮助逃生；利用准备的药品对伤病员进行抢救；注意做好卫生防疫工作。

（8）保。除了个人保护外，还应利用社会防灾保险以减少个人经济损失。

第二节　应对地震的危害

地震是由地壳剧烈运动引起的突然而强烈的震动。地震造成的对人的伤害，主要是由建筑物倒塌及次生灾害引起的。我国是世界上陆地地震灾害最为严重的国家，发生地震的次数约占全球的1/3，因地震死亡人数占全球地震死亡人数的1/2以上，占我国所有自然灾害死亡人数的1/2以上，是群灾之首。

一、地震的预测

我国古代人民在长期实践中，早就认识到地震是有前兆的，并留下了丰富的关于地震前兆的记载。地震前，一些动物会出现异常反应，广大人民群众将长期以来积累的经验总结成了民谣。

震前动物有预兆，群测群防很重要；
牛羊骡马不进圈，猪不吃食狗乱咬；
鸭不下水岸上闹，鸡乱上树高声叫；

冰天雪地蛇出洞，大猫携着小猫跑；
兔子竖耳蹦又撞，鱼跃水面惶惶跳；
蜜蜂群迁闹哄哄，鸽子惊飞不回巢；
家家户户都观察，综合异常作预报。

此外，有的大地震在发生前几天或几小时会发生一系列小震。强烈地震前，大自然会出现一些异常现象。例如，地震前数分钟、数小时或数天，往往有声响自地下深处传来，有的地方会看见地光，有的地方还会出现地下水的异常现象，如水位突然升降、变味、浑浊、浮油花、冒气泡等。

以上这些人的感官能直接觉察到的地震前兆称为地震的宏观前兆，在地震预报中具有重要作用。我国1975年辽宁海城7.3级地震和1976年松潘—平武7.2级地震前，地震工作者和广大群众曾观测到大量的宏观异常现象，为这两次地震的成功预报提供了重要资料。

不过应当注意，上述列出的多种现象也可能由其他原因造成，不一定都是地震前的预兆。例如，井水和泉水的小幅涨落可能和降雨多少有关，也可能是受附近抽水、排水和施工的影响；井水变色、变味可能因污染而起；动物的异常表现可能与天气变化、疾病、发情、外界干扰刺激等因素有关。一旦发现异常的自然现象，不要轻易做出即将地震的预测，更不要惊慌失措，而应当弄清异常现象出现的时间、地点和有关情况，保护好现场或拍照记录，向地震预测部门或政府机关报告，请有关专业人员调查核实，弄清事情的真相。

二、地震前的预防

在地震易发地区，做好预防地震的准备工作是减轻灾害损失的重中之重。

（1）检查房屋结构是否符合抗震要求，对薄弱部位应采取加固措施。

（2）接到国家有关部门发布的地震预报后，在住所内及附近选好避震地点，设定疏散路线。

（3）熟悉住所内的水、电、煤气开关阀门的位置，以便在得到地震警报时及时关闭电源和开关。

（4）准备一个避震包，放入食品（即使一天不生火也足够食用），饮用水，手电筒、蜡烛、火柴等照明用具，贵重物品（现金、银行卡、各种证件以及必要的印鉴等），收音机，毛毯，绳，卫生纸，急救药品等应急必需品。

（5）学会心肺复苏、止血、骨折固定、伤口包扎、伤员搬运等基本的急救技能和方法（详见本书第四章）。

三、地震发生时的避震法则

虽然目前人类无法避免和控制地震，但只要掌握一些技巧，还是可以在灾难中将伤害降到最低的。一旦发生地震，千万不要惊慌，要保持镇静，不能拥挤乱跑，应根据所在位置，正确选择避震空间，采取适宜的避震措施。

经对唐山大地震的874名幸存者调查发现，72%的幸存者在求生时采取了紧急避震措施。一般从地下初动到房屋开始倒塌有一个短暂的求生时间，而地震时大的晃动时间约为1分钟，这时冷静判断、正确选择避震空间，就有可能求得劫后余生。

1. 室内避震

法则一：身处住所、教室、商场、车站等室内环境，只要地处一楼，距离门窗近，就应该迅速撤离到室外空旷的地方。

法则二：室内避震首先应远离玻璃门窗、易碎的货品架、易倒的大型家具等，更不要钻入衣柜，避免被倒塌的天花板击中。

法则三：如果在楼房内遭遇地震，千万不可跳楼，应迅速躲进跨度小的卫生间、储物间内，也可以紧贴内墙角蹲下或躲入坚固的桌椅下。

法则四：如果遇险时恰在电影院、体育馆、教室等人多拥挤的公共场所，千万要保持冷静，不要乱拥乱挤，避开吊灯、电扇等悬垂物，躲入排椅下。

法则五：地震与火灾中不能搭乘电梯逃生。如果在电梯内遭遇地震，要立即将操作面板上所有楼层的按钮全部按下，一旦停靠在某层，迅速离开电梯，冷静避难。万一被关在电梯中，要通过电梯中的专用紧急电话与管理室联系，请求帮助。

法则六：室内避震时，身体应采取的姿势为：蜷曲身体、蹲下或坐下以降低重心，抓住桌腿等牢固物体，迅速利用身边的枕头、坐垫、手包、棉毛衣等护住头颈、面部，掩住口鼻防止吸入灰尘或有害气体。

2. 室外避震

法则一：地震时如在户外行走，应避开楼房、高大烟囱、水塔、立交桥等高大建筑物和结构复杂的建筑物，不要来回奔跑，以免摔倒或被地震裂缝吞没。

法则二：在行驶的车辆内遇到地震，要抓牢扶手，躲在座位附近，震动停止后再下车。

法则三：如果在海边遇到地震，应迅速远离海岸，向高地迁移，以防地震引起海啸。

法则四：如在野外活动时遇到地震，应尽量避开山脚、陡崖，以防滚石和山体滑坡；如遇山崩，要向滚石前进方向的两侧跑。

四、地震发生后的自救

地震发生后，人首先要观察周围有无通道或光亮，分析判断自己所处的位置，从哪个方位最可能脱险，尽量朝着有光线和空气清新的地方移动。如果被地震废墟埋住，应将双手从压塌物中抽出来，清除头部、胸前的杂物和灰土，设法保障呼吸顺畅；移开身边比较大的杂物，以免被余震压塌。

如果暂时无法脱险，要坚定信心，耐心等待救援，设法保存体力，不做无用的喊叫。听到有人声时，用硬物敲击铁管、墙壁，发出求救信号。寻找砖头、木头等支撑可能塌落的物体，尽量扩大生存空间。寻找食物和水并节约使用。

五、幸存者的应急互救

地震幸存者应在第一时间投入到互救工作中去，可以遵循如下原则。

（1）先易后难，即先抢救近处的埋压者，先抢救埋压较浅的幸存者，先抢救医院、学校、旅馆等人员密集容易获救的幸存者。

（2）仔细搜听，即救助时不仅要注意靠听觉搜寻被困人员的呼喊、呻吟或敲击声，还要小心抢救，避免破坏了被埋压人员所处空间的支撑环境，引起新的垮塌。

（3）慎用利器，即抢救时最好不用利器刨挖，应先使被埋压者头部暴露出来，可以呼吸新鲜空气。

对于抢救出来的幸存者，危重的要迅速送往医院或医疗点，不要安置在废墟中，以防余震。对埋压较久的幸存者，应先遮挡好其眼部，以防突然见光伤眼，先给予流食。

第三节　应对气象灾害

气象每天伴随着人们，甚至影响人们的心情。近年来，我国频发各种异常的气象现象，暴雨引发泥石流或山体崩塌、暴雪导致交通阻塞等，严重影响了人们的生活。根据我国高校大多分布在城市的特点,在研究了大学生安全事故发生原因的基础上,本章主要介绍应对雷电、大风和高温危机的知识。

一、防范雷电灾害

雷电是一种自然现象,地球每秒钟就有 15 次雷电发生。据统计,我国每年因雷电灾害导致伤亡的人数在 1 万人以上。与其他机构相比,学校开阔地较多,防雷电设施建设良莠不齐,有必要加强防范雷电灾害的教育。

真实案例 3-1

2007 年 5 月 23 日 16 点左右,重庆开县义和镇兴业小学某教室遭到雷击,造成 7 名学生死亡,44 名学生受伤,其中 5 名重伤的惨剧。事后防雷专家勘查现场发现,教室没有防雷措施,当遭受雷击时,高达上万伏的雷电压击向学生,坐在靠墙和带铁条窗口位置的学生承受了最高电压,受到的冲击和伤害最大,坐在教室中间的,则幸免于难。

1. 雷雨天气的禁忌

雷电全年都会发生,但强雷多发生在春夏之交和夏季。由于雷击具有一定的选择性,因此提高防雷意识,首先应该熟记雷雨天气的禁忌。

(1) 雷雨天气尽可能避免外出,如果留在室内则要关闭门窗,不要洗澡,不靠近外墙和电气设备,不触摸水管、煤气管等金属管道,不接电话。

(2) 外出时遇雷雨,应尽量避免在旷野中或躲入没有避雷设施的低矮棚屋;行走时避开潮湿处和金属井盖,不要在空旷区域中打雨伞、扛球拍和劳动工具等;如雷声就在附近应停止奔跑或行走,双脚并拢下蹲,待雷声远去再寻找避雨地点;如遇雷电时正在游泳或在划船,应立即上岸,也不要停留在水陆交界处。

(3) 身处户外时尽可能不在大树下和旗杆、烟囱、电线杆等孤立高耸物体旁避雨。如果万不得已需要在大树下停留,必须与树身和枝叶保持 2 米以上的距离,尽可能下蹲并把双脚靠拢,降低身体有效高度并预防跨步电压的危害。

2. 雷击伤亡急救

一般情况下,雷电击中人体时,电流流经人体的时间仅是几毫秒。因此当有人不幸遭到雷击,最要紧的就是迅速抢救,通常比较切实可行的办法是进行人工呼吸和心脏按摩。大量的雷击抢救实践证明,有一部分遭到雷击后呈现死亡状态的人还未真正死亡，及时采取正确的抢救措施，往往可以起死回生，这就是人们通常说的雷击"假死"现象。

（1）人工呼吸与心肺复苏的操作方法详见本书第四章。坚持实施这些力所能及的现场急救措施的同时，还应立即呼叫 120 急救中心，将伤员送往医疗机构，请专业人员施救。

（2）如在雷雨中无法避免地处于不利地势，要保持冷静，迅速除下身上的金属物品；如感觉到头发竖起或身上有窸窣的、类似虫蚁爬走的感觉，可能要遭遇雷击，应该立即趴在地上，降低高度，避免成为雷击范围内的突出目标；如与多人共处，不要挤靠在一起，应保持距离，避免被雷击中后电流互相传导。

二、防范大风灾害

大风引起的灾害主要是由"强风效应"带来的次生灾害，例如沙尘暴、火灾、吹落物品伤人、房屋等基础设施破坏。

真实案例 3-2

2007 年 4 月，北方某市从凌晨 5 点开始，出现了入春以来最明显的一次沙尘暴天气，最低能见度只有五六十米，伴有 5~6 级大风，空气中弥漫着尘土的味道。医院接诊的哮喘、眼疾、咽喉病患者骤增。

1. 应对沙尘暴天气

沙尘暴是指强风将地面大量尘沙卷入空中，造成空气混浊，水平能见度小于 1000 米的灾害性天气。由于空气质量恶化，在沙尘暴天气中应减少外出，紧闭门窗，最好在室内使用加湿器或洒水以保持空气湿润。老人、儿童及呼吸道过敏人群尤其要注意健康问题，如发生慢性咳嗽伴咳痰或气短、喘憋、胸痛等症状，应在家人陪同下尽快到医院救治。

如必须在沙尘暴天气外出，最好戴上口罩、防尘眼镜，也可用湿毛巾、纱巾等保护眼、口、鼻，以免沙尘暴侵害眼睛和呼吸道。一旦尘沙吹入眼内，千万不可用手揉搓，应用眼药水或流水冲出。平时可口含润喉片保持咽喉凉爽舒适、滴眼药水避免眼睛干燥。如遇鼻腔出血，可以在鼻孔周围抹几滴甘油，以保持鼻腔湿润。外出归来，应先清理口腔、鼻腔，减小感染概率。多饮用汤粥、茶水、果汁等，增加肌体水分含量。

外出中遇到强沙尘暴，不要急着赶路，应注意交通安全，先到商场、餐馆、书店等场所避风；不要躲避在广告牌、简易房、大树等易刮倒物体旁。

如在野外，要蹲下身体，用衣物护住头部，避免被沙尘或大风卷起的东西砸伤。

2. 应对强风天气

强劲的大风能折断树木、掀倒房屋、刮断电线、伤害人畜、引起火灾等。遇到强风天气时，应注意以下三点。

（1）事前预防。大风季节要注意收看收听当地天气预报，如气象部门发出大风警报，可以准备手电或蜡烛、食物、密封窗门缝隙的胶条和塑料布等；将阳台上容易被风吹落的花盆、晒衣竿等搬进室内，固定易被风吹坏的搭建物；大风常伴雷电出现，应拔下电器电源插头和电视天线。

（2）注意应对。大风天气尽可能不外出，避免不了时，也不要只顾低头走路，一定要注意观察、躲避行进路线中的易倒物，不在大型广告牌、大树、临建房、霓虹灯、工地附近逗留，防止被随风乱飞的杂物伤害；行路应远离河沟；驾驶中遇到大风，一定要慢行，注意路况。

（3）紧急救助。当发现有人被压在风刮倒的倒塌物下，应及时报警并拨打120急救电话。抢救时不要强扯硬拉，以免造成脊椎骨折或错位。救出后要先确保呼吸道通畅、复苏心肺功能；对出血、骨折的伤员，要进行止血、包扎、骨折固定等急救处理。

三、防范高温灾害

高温天气是指气温达到35℃以上的天气，会给人体健康、道路交通、水电使用等带来严重影响。

1. 预防中暑

饮食上，适宜选择清淡的食物，多食用黄瓜、西红柿、西瓜、桃等含水分较多的时令蔬菜水果，另外乳制品既能补水又能满足身体对营养物质的需要；多喝水并适当饮用淡盐水、绿豆汤、菊花茶等降暑气的饮品。另外要注意饮食卫生，高温天气多发菌痢、霍乱、伤寒、甲肝等肠道疾病。

穿戴上，衣着要宽大舒适，少穿化纤织物，外出时可准备太阳眼镜、遮阳帽、防晒伞等物品。

起居上，合理安排作息时间，白天尽量减少户外活动时间，中午12点至下午2点最好不要外出。停留在室内应注意保持通风，控制空调温度，避免室内外温差过大而导致感冒，不要对着空调或风扇直吹。高温时间如需长期外出，还需要准备清凉油、十滴水、人丹等防暑药物。

保健上，不去拥挤的公共场所，克制高温带来的烦躁易怒情绪；心肺病患者尤其要注意减少活动、避免疲劳；注意保持皮肤清洁，常用温水洗脸洗澡，出汗后要及时清洗掉汗液并更换衣物，避免生痱子。

2. 晒后急救

当高温天气进行户外运动发生晒伤时，可用冷毛巾或冰袋敷在红肿处，直至痛感消失。如发现水泡，不要自行挑破，应请医生处理，避免感染。

救治中暑患者必须坚持降温的原则，可以转移患者到阴凉通风处，采用扇风、冷敷、酒精擦拭、口服十滴水、太阳穴涂清凉油、多次少量服用淡盐水等办法。如果中暑患者失去意识、呕吐，应当立即就近送医院急救。

第四章 意外伤害危机应对

急救是一种必备的生活常识,表现为在危难中保护自己、救护他人。作为一种有效提高生存能力的知识,大学生应当乐于学习、勤加练习,上好提高现代人生活质量的重要一课。

第一节 紧急救护概述

急救最初来自对战争的反思——第一次世界大战中,伤员的死亡率很高。在第二次世界大战时,有国家加强了战地救护,普及紧急救护知识,使死亡率比一战减少了85%。

一、紧急救护的原则

在发生危急情况的现场,有的人束手无策,坐等救护车来;有的人糊里糊涂、手忙脚乱地送患者去医院;还有的采取了错误的救护措施。由于危机现场千差万别,情况复杂,我们需要掌握一些急救原则。

1. 远离危险现场

帮助患者脱离险境是急救的先决条件。无论什么场合、什么危机,只要现场有危险因素,如火灾现场的爆炸因素、地震现场的余震和倒塌因素等,都必须先将患者转移到安全地点再行施救。

2. 迅速判断伤情

危机现场急救要求在有限时间、空间、人力、物力条件下,发挥急救人员的最大效率,尽可能多地拯救生命、减轻伤残和后遗症,所以要求急救人员根据现场条件和遇难者伤势的整体情况确定急救和护送顺序,掌握救治重点,按轻重缓急处理伤患。

判断伤情的主要参数如下。

(1) 气管是否畅通。
(2) 有无大动脉搏动、有无循环障碍。
(3) 有无大出血。
(4) 有无意识障碍。
(5) 瞳孔是否对称、正常。

3. 把握住黄金 5 分钟

医学上，人脑死亡超过 5 分钟、心脏停止跳动超过 10 分钟，往往不能救治，所以把急救的最初 5 分钟称为"急救黄金 5 分钟"，每耽误 1 分钟，患者的生存几率就会大幅降低。而在大多数情况下，救护车无法在 5 分钟内赶到现场。因此伤患的安全很大程度上取决于现场非专业人员所采取的急救措施。第一目击者必须承担起急救的任务，担当"救星"，而不是坐等医护人员赶到。

二、常见的紧急救护病例

(1) 猝死。猝死近年来也多发于校园。发现这类患者应进行胸外心脏按压、人工呼吸，切忌观望，不施行抢救措施。
(2) 煤气中毒。发现患者后要立即关闭煤气、敞开门窗，转移患者到空气清新处。
(3) 触电。切断电源，用绝缘物体挑开电线，酌情进行心脏复苏急救。
(4) 咬伤。被蛇或狗咬伤后，用浓度 20% 的肥皂水彻底冲洗伤口 30 分钟，如果伤口深，可切开伤口冲洗，然后用碘酊涂擦。切忌不冲洗消毒就挤压、缝合、包扎伤口。
(5) 血管破裂。压迫伤处，止血包扎。忌不可立即或不间歇压迫止血。
(6) 昏迷。头后仰并偏向一侧，忌抬高头、剧烈搬动。
(7) 高空坠落。搬运时应多人平托颈、胸、腰部。忌扛头扛脚、肩背等方法。
(8) 服毒。催吐、灌温水再催吐。忌不做任何处理送医院。
(9) 溺水。清除口鼻内异物，倒水，进行心脏复苏。忌听任呼吸道内继续堵塞。
(10) 骨折。先固定，后搬运。发生骨折，请不要自行摆弄、随意接骨，更不可误当脱臼进行复位，以免骨折断端刺伤神经、血管。如为锁骨骨折，请先用绷带兜臂，不要活动；如为盆腔、胸腰部骨折，应将患者轻轻托起，放在硬板担架上，转送途中尽量减少震动；如为四肢长骨骨折，可就地取材，如用胶鞋、布鞋、粗树枝、卷折起来的杂志等进行临时固定，再送医院治疗；如单腿骨折，一时又找不到固定物，可先在两腿间垫上软一点的衣物，再将伤腿与好腿在相应处固定。

（11）心脏病。发生气喘忌平卧，平卧会增加心脏负担，使气喘加重。应采取坐位，双腿下垂。

第二节　常用的急救方法

人工呼吸是当患者呼吸停止且心跳也随之停止或还有微弱的跳动时，用人工的方法帮助患者进行呼吸活动，达到气体交换的目的。口对口人工呼吸常用于溺水、触电、煤气中毒、缢死导致呼吸停止的现场。等医生到来时，取而代之以人工呼吸机辅助呼吸。人工呼吸对挽救以上患者的生命是举足轻重的，否则即使心跳恢复了，呼吸不恢复，心跳也不能持久。所以在心肺复苏过程中，心脏按压和人工呼吸缺一不可。

一、口对口人工呼吸法

口对口人工呼吸，是用施救者的口呼吸协助患者呼吸的方法，它是现场急救中最简便有效的方法。

1. 打开呼吸道

在保持呼吸通畅的情况下进行人工呼吸。如患者口鼻内有呕吐物、泥沙、血块、假牙等异物时，用纱布包住食指深入口腔进行清除。松开衣领、裤带、内衣等。舌后缀者用纱布或手巾包住拉出或用别针固定在嘴唇上。

2. 先吹两口气

清除伤者口鼻异物后，口对口呼吸前先向患者口中吹两口气，扩张已萎缩的肺，以利气体交换。

3. 操作要点

（1）患者仰卧位，头后仰，颈部用枕头或衣物垫起，下颌抬起，口盖两层纱布，施救者用一手扶患者前额，另一手拇、食指捏紧患者鼻翼，以防吹进的气体从鼻孔漏出。

（2）施救者吸一口气后，张大口将患者的口全包住，且患者的口全张开。

（3）捏住患者鼻翼，快而深地向患者口内吹气，并观察患者胸廓有无上抬下陷活动。一次吹完后，脱离患者之口，捏鼻翼的手同时松开，慢慢抬头再吸一口新鲜空气，准备下次口对口人工呼吸。

（4）每次吹气量成人约1200mL，儿童800mL，量过大易造成胃扩张。无法衡量时，以施救者吸入的气体不要过度饱满为度。

（5）口对口人工呼吸的频率为成人16~20次/分钟，儿童18~24次/分钟，婴儿30~40次/分钟。单人急救时，每按压胸部15次后，吹气两口，即15:2；双人急救时，每按压胸部5次以后，吹气1口，即5:1；有脉搏无呼吸者，每5秒吹一口气（12~16次/分钟）。

4. 停止急救的标准

口对口人工呼气何时停止急救，有两个标准：一是患者的呼吸、心跳已恢复后可以停止；二是经有经验的医生检查证实患者脑死亡可以停止。因为脑组织各部分对缺氧的耐受力不一样，大脑只能支持4分钟左右，小脑可以维持10~15分钟，管辖呼吸、心跳中枢的延髓能支持20~30分钟。这就要求施救者分秒必争，越早越好，抢救持续的时间尽可能延长，以获得救活患者的希望。过去对脑死亡才是人的生命终结认识不足，只要遇到患者心跳、呼吸一停即认为死亡，也不再抢救，赶快准备后事，结果死者又从太平间或棺材中爬起来了。这样的例子并不罕见，应该吸取这一沉痛的教训。

二、挤压呼吸法

在患者中毒或面部受伤的情况下，无法进行口对口人工呼吸，尤其当患者需要进行心脏压迫时，可用挤压呼吸法。对于成年人应每分钟重复进行12次。如果没有效果，将患者侧放，在肩部后背外轻击，让阻塞物脱离，呼吸道恢复通畅。

（1）使患者侧卧平地或床上，颈、肩垫枕头或衣物，使颈部伸直，头仰，抬下颌，松解其衣扣、领带、腰带等。

（2）施救者跪于患者头前，固定住患者头部，两手握患者前臂中部，将其直拉向头两侧并使其伸直，使肋骨上移，胸部扩张，使空气顺利吸入肺内。

（3）持续2~3秒后，将其两臂紧贴患者的左右胸廓，以肘部挤压2~3秒，挤压应均匀有力，但不能用力过猛过大，以防肋骨骨折，幼儿更应注意。借助挤压的力量，使胸廓缩小，压出肺内气体，形成呼气。每分钟16~18次，反复进行，直至患者有自主呼吸为止。

开始的5分钟最为关键，但是如果患者仍未恢复呼吸，人工呼吸至少应持续1小时，团队成员可以替换进行。同时检查心跳是否正常。

曾有过自主呼吸停止3小时后通过人工呼吸方法救活的例子。无论是溺水、电击还是体温过低者，都有成功的范例，所以任何情况下都不要放弃。

三、霍格·尼尔森呼吸法

当无法对患者进行口对口人工呼吸，或者无法把患者翻身过来时，就可以采用霍格·尼尔森呼吸法，使患者恢复呼吸。患者面朝下平躺在地上，污物可以从嘴里流出，不会阻塞呼吸道。将患者手臂弯曲，垫在面部下面。松开扣紧的衣物，确信舌头伸向前，口部没有水草、泥浆等阻塞物。跪着面对患者，一膝在前，手掌伸展压击患者肩后背部，依次完成以下程序，连续进行8次。

（1）直臂向前推压肩后背，每次大约持续2秒。

（2）手掌向后推压，抓住患者上臂（0.5~1秒）。

（3）轻微抬起患者的双臂，进一步摇动后背（2秒），避免将患者躯干或头部抬得过高。

（4）将患者双臂放低至地面上，并复位（0.5~1秒）。

以上动作每分钟重复12次。

注意：如果患者双臂受伤，可将折叠的毛毯垫在额前，举臂时可握住腋下的部位。如果肋骨或肩部严重受伤，这种方法就不适合了。在呼吸恢复之后，将患者按前述的恢复态位置放置，但如果脊椎骨受损就不能如此了。

四、胸外心脏按压法

胸外心脏按压时，收缩压可达13.3千帕（100mmHg），平均动脉压为5.3千帕（40mmHg）；颈动脉血流仅为正常的1/4~1/3，这是支持大脑活动的最小循环血量。因此，进行胸外心脏按压时，患者应平卧，最好头低脚高位，以增加脑的血流供应。背部垫木板，以确保按压有效。

（1）定位。抢救者用靠近患者下肢手的食指、中指并拢，指尖沿其肋弓处向上滑动（定位手），中指端置于肋弓与胸骨剑突交界即切迹处，食指在其上方与中指并排。另一只手掌根紧贴于第一只手食指的上方固定不动；再将第一只手（定位手）放开，用其掌根重叠放于已固定手的手背上，两手手指交叉抬起，脱离胸壁。

（2）按压姿势。抢救者双臂伸直，肘关节固定不动，双肩在患者胸骨正上方，用腰部的力量垂直向下用力按压。

（3）按压频率。80~100次/分钟。

（4）按压深度。婴儿1~2cm，儿童2~3cm，成人4~5cm。

(5) 按压与人工呼吸的比例。

①单人心肺复苏：按压与人工呼吸的比为 15:2，即由同一个抢救者顺次轮番完成口对口人工呼吸和胸外心脏按压。在开放气道的情况下，先进行 2 次连续吸气后，抢救者迅速回到患者胸侧，重新确定按压部位，做 15 次胸外心脏按压，再移至患者头侧，做口对口人工呼吸 2 次。进行 4 次循环（1 分钟内）后，再用"看—听—感觉法"确定有无呼吸和脉搏。若无呼吸和脉搏，再进行 4 次循环，如此周而复始。

②双人心肺复苏：由两个抢救者分别进行口对口人工呼吸与胸外心脏按压。其中一人位于患者头侧，另一人位于胸侧。按压频率为 80~100 次/分钟，按压与人工呼吸的比为 5:1，即 5 次胸外心脏按压给以 1 次人工呼吸，每 5 秒完成一轮动作。位于患者头侧的抢救者承担监测脉搏和呼吸，以确定复苏的效果；位于患者胸侧的抢救者负责胸外心脏按压。

(6) 注意事项。

按压时手指不应压在胸壁上，两手掌应保持交叉放置按压，否则易造成肋骨骨折。按压速度不宜过快或过慢；按压位置应正确，否则易造成剑突、肋骨骨折而致肝破裂、血气胸。按压时施力不垂直，易致压力分解，摇摆按压易造成按压无效或严重并发症。冲击式按压、抬手离胸猛压等，易引起骨折。按压与放松要有充分时间，即胸外心脏按压时下压与向上放松的时间应相等；儿童只要用一只手掌根按压即可，其频率仅需 5:1，按压频率应大于 100 次/分钟。婴幼儿的按压采用环抱法，即双手拇指重叠下压，其部位在两乳头连线与胸骨正中线交界点下一横指处。

五、呼吸道阻塞急救法

呼吸道阻塞常见于以下情况：在摄入大块的咀嚼不全的食物时，若同时大笑或说话，很容易使一些肉块、鱼团、汤团、果冻等滑入呼吸道；大量饮酒时，由于血液中酒精浓度升高，咽部肌肉松弛而吞咽失灵，食物团块也极易滑入呼吸道；此外昏迷患者，因舌根坠落，胃内容物和血液等反流咽部，也可能阻塞呼吸道入口。

1. 腹部手拳冲击法

腹部手拳冲击法又称 Heimlich 急救法，1983 年首先由美国 Heimlich 发现并报道，用于现场急救呼吸道异物阻塞已经有数千成功案例，因为效果较好，所以被作为卫生常识进行普及。

手拳冲击腹部时，腹压升高，横隔抬高，胸腔压力瞬间增高后，迫使肺内空气排出，形成人工咳嗽，使呼吸道内的异物上移或驱出。方法是施救者站或跪在患者身后，双臂抱住患者腰部，双手叠放在患者腹部中间，一手握拳以拇指撤压肋骨以下的腹间，位于腹中线脐上远离剑突处，加压并迅速猛击6次，使阻碍物放松，然后再来6次。当患者开始恢复呼吸，或者大声咳嗽驱出异物时即可停止。

操作时，要注意施力方向，防止胸部和腹内脏器损伤。如果开始时没有成功，再重复做，不要放弃。如果阻塞物已经清除，而患者尚未恢复呼吸，要准备好进行人工呼吸。

如果患者昏迷，让昏迷者仰面躺在地上，施救者双膝分开，双掌交叠，斜放在患者脐部，迅速向上腹猛力推压。如果阻塞物似乎并没有移开，迅速将患者侧放，在肩胛骨之间连击6次。如果需要，重复进行。

2. 呼吸道阻塞自救法

发生呼吸道阻塞时，将上腹部迅速倾压于椅背、桌角、铁杆或其他硬物上，然后做迅猛向前倾压的动作，以造成人工咳嗽，驱出呼吸道异物。

3. 拍背及手抠法

（1）拍背法。患者可取立位或坐位。施救者站在患者的侧后位，一手置患者胸部以围扶患者；另一手掌根在患者肩胛区脊柱上给予6~8次连续急促轻拍。拍击时应注意，患者头部要保持在胸部水平或低于胸部水平，充分利用重力使异物驱出体外；拍击时应快而有力。

（2）手指清除异物法。这种方法一般只适合于可见异物，且多用于昏迷患者。施救者先用手的拇指及其余4指紧握患者的下颌，并向前下方提牵，使舌离开咽喉后壁，以使异物上移或松动。然后拇指与食指交叉，前者抵下齿列，后者压在上齿列，两指交叉用力，使患者口腔张开。施救者用另一只手的食指沿其颊部内侧插入，在咽喉部或舌根处轻轻勾出异物。另一种方法是用一手的中指及食指伸入患者口腔内，沿颊部插入，在光线充足的条件下，看准异物并夹出。手指清除法不适用于意识清楚者，因手指刺激咽喉可引起患者恶心、呕吐。勾取异物时动作宜轻，切勿过猛，以免反将异物推向呼吸道深处。

第三节 常见急症的处理

一、皮肤烫伤的处理

被开水、热汤、热油、蒸汽等烫伤时，轻者皮肤潮红、疼痛，重者皮肤起水泡，表皮脱落。发生烫伤后，可按如下方法处理。

（1）立即小心地将被热液浸透的衣裤、鞋袜脱掉，用清洁的冷水喷洒伤处或将伤处浸入清洁的冷水中，也可以用湿毛巾敷患处，还可以用食醋浇到被烫伤的皮肤上。

（2）尽可能不要擦破水泡或表皮，以免引起细菌感染。为了防止烫伤处起水泡，可用食醋洗涂患处，也可以用鸡蛋清擦患处。如果水泡已经被擦破，可用消毒过的纱布覆盖伤处，然后送医院治疗。

（3）轻度烫伤或烫伤面积较小，可用鸡蛋油涂患处。鸡蛋油的做法是：取鸡蛋1个，去掉蛋清，将蛋黄放在锅里不加油炒到发焦，最后慢慢熬出鸡蛋油来，待鸡蛋油冷却后，即可使用。

二、烧伤的处理

烧伤是日常生活、生产劳动中常见的损伤。烧伤主要指火焰的高温对人体组织的一种损伤，常由火灾、易燃物（煤气、汽油、煤油）爆炸等引起。轻度、小面积的烧伤对人体健康影响不大，但是特别疼痛。重度烧伤容易导致休克、感染，甚至死亡。烧伤的分类按烧伤的深度估计，一般采用三度四分法，即一度烧伤、浅二度烧伤、深二度烧伤和三度烧伤。

一度烧伤：表现为受伤处皮肤轻度红、肿、热、痛，感觉过敏，无水泡。

浅二度烧伤：表现为受伤处皮肤疼痛剧烈、感觉过敏，有水泡；水泡剥离后可见创面均匀发红、潮湿、水肿明显。

深二度烧伤：表现为受伤皮肤痛觉较迟钝，可有或无水泡，基底苍白，间有红色斑点；拔毛时可感觉疼痛。

三度烧伤：皮肤感觉消失，无弹性，干燥，无水泡、蜡白、焦黄或炭化；拔毛时无疼痛。

烧伤的急救原则是消除烧伤的原因，保护创面，镇静镇痛。

消除烧伤的原因应根据不同的情况采用不同的方法。如果被火焰直接烧伤应迅速离开火源；当身上着火时不要惊慌，可用水将火浇灭，也可脱去着火的衣服，或就地慢慢打滚将火压灭，如有水坑、水塘、溪河，亦可入水灭火。注意：身上起火时千万不可乱跑，以免风助火燃，加重烧伤。火势很旺时不可用手扑打，以免烧坏手指。在火灾现场尽量用湿毛巾捂住口鼻，少说话，尤其不能大声呼叫，以防吸入高温烟雾烧伤呼吸道。被蒸汽或热的液体烫伤时，立即将烫伤部位的衣服脱掉可防止烫伤加重。因触电烧伤者应立即切断电源。

对于烧伤面积小者和四肢的烧伤，可用冷水冲淋或浸泡，能起到减少损害、减轻疼痛的作用。浸浴时间一般为半小时或到不痛时为止。胸背部烧伤的伤员，救助者可将干净的毛巾盖在创面上，然后用凉水向上浇，以减轻疼痛。

在急救现场，被烧伤的创面要用清洁的被单或衣服简单包扎。注意不要将创面上的水泡弄破，也不要在创面上涂抹任何治疗烧伤的药品，避免感染和加重损伤。大面积烧伤的患者若清醒，则会口渴，此时只能给其喝温热的盐水而不能喝淡水，否则会加剧日后的水肿等严重情况。因爆炸燃烧受伤的伤员，创面污染严重，不要强行清除创面上的衣物碎片和污物，简单包扎后立即送往医院治疗。对于心跳、呼吸停止者，要迅速给予心肺复苏治疗；四肢大出血者应上止血带；伴有骨折的要给予简单固定。

烧伤伤员都有不同程度的疼痛和紧张，可给予口服的镇静、镇痛药物，但是有呼吸道烧伤和颅脑损伤的患者禁用，并且对使用药物的名称、剂量、给药时间和途径必须详细记录，以免造成药物过量而中毒。烧伤患者在送往医院途中应采取未烧伤一侧的卧位。

三、化学物质灼伤的处理

能引起化学灼伤的物质很多，常见的有酸类（如硫酸、盐酸、硝酸等）和碱类（如氨水、石灰、纯碱、烧碱）等物质。酸类物质使组织蛋白凝固、细胞脱水，故酸类物质灼伤一般创面较浅，表面可见到干痂。而碱类物质的灼伤则不同，由于碱离子能与组织蛋白结合生成可渗性酸性蛋白酸化脂肪组织，故碱性物质灼伤的创面会逐渐加深，且愈合缓慢。

对于化学物质的灼伤应争分夺秒进行抢救，具体方法如下。

（1）清除化学物质。应尽快让伤员离开现场，迅速脱下被化学物质玷污的衣服，用大量的自来水、井水等清洁水冲洗创面半个小时左右。

（2）使用中和剂。若为酸类物质灼伤，可用弱碱（如小苏打、肥皂水等溶液）中和；若为碱性物质灼伤，可用弱酸（如食醋、氯化铵等溶液）中和。但在未用清洁水冲洗前不能使用中和剂，否则中和反应时放出的热量会加深皮肤的灼伤。

（3）对症处理。清洗、中和后的创面，可用消毒纱布、干净手帕等包扎，以免细菌感染。由于强酸、强碱致伤可产生剧烈疼痛，严重者甚至会发生休克，故可酌情使用镇痛、镇静剂。在抢救过程中，要随时注意伤员的全身情况变化，如呼吸、脉搏等，若有变化应对症抢救。经过上述初步处理后，将伤员送往医院治疗。

四、溺水的处理

溺水常见于游泳或落水等意外事故，因水进入呼吸道及肺中引起窒息。另外，泥沙等物堵塞鼻腔及口腔也是窒息的原因之一。溺水者的现场急救至关重要，应分秒必争。

（1）迅速将溺水者脱离溺水现场。
（2）清除口、鼻内异物，保持呼吸畅通。
（3）令溺水者头处于低位，拍打其背部，使进入呼吸道和肺中的水流出（注意时间不要长）。
（4）如果呼吸抑制，迅速进行人工呼吸。
（5）如有心跳停止，立即进行胸外心脏按压。
（6）换上干的衣服，注意保暖。
（7）尽快转送医院。

五、触电的处理

触电包括交流电和雷电击伤。触电损伤包括外损伤和内损伤。触电可造成体表入口和出口受伤，均由电源通过身体产生的热能所致。触电伤员轻者造成机体损伤、功能障碍，重者死亡。

1. 判断伤情

（1）轻伤。轻伤患者触电部位起水泡，组织破坏，损伤重的皮肤烧焦，甚至骨折，肌肉、肌腱断裂，能发现两处伤口。
（2）重伤。重伤患者会出现抽搐、休克、心律不齐、有内脏破裂。触电当时也可以出现呼吸、心跳停止。

2. 触电的现场急救

（1）切断总电源。如电源总开关在附近，则迅速切断电源。
（2）脱离电源。用绝缘物（木制品、塑料制品、橡胶制品、书本、皮带、棉麻、瓷器等）迅速将电线、电器与伤员分离，要防止相继触电。
（3）心肺复苏。心跳、呼吸停止者立即进行心肺复苏。
（4）包扎电烧伤伤口。
（5）速送医院。

六、急性中毒的处理

某种物质进入人体后，并对人体组织器官发生生物化学、物理作用，损害人体健康时，该物质即称为毒物。由毒物引起的疾病叫做中毒性疾病。人体在短时间内进入大量毒物，迅速引起严重中毒症状甚至危及生命，称为急性中毒。

1. 处理程序

（1）了解病史。了解患者的心理及生活情况，如怀疑有服毒的可能性，应查找身边有无药瓶、药袋，室内是否有产生一氧化碳的设备，其他如剩余食品及同餐者的情况等。总之，应了解现场并寻找接触毒物的证据。

（2）观察临床表现。观察各种毒物中毒的特征性表现（包括气味、症状、体征等）。

（3）排出毒物。根据进入途径不同，采取相应的排毒方法，如经呼吸道吸入的有毒气体，应迅速离开现场，加强通风、吸氧、保暖。如从皮肤吸收（有机磷农药中毒），应立即脱掉衣服、鞋、帽，对接触处进行严格的彻底清洗。如中毒者为经口摄入毒物，应及时进行催吐、洗胃、导泻、灌肠及利尿等措施。

2. 救治原则

（1）急性中毒的救治要及时准确。在初步处理的同时要尽快设法查明中毒原因，立即终止接触毒物，阻止毒物继续侵害人体，脱去污染的衣服，皮肤黏膜沾染的毒物应尽快冲洗，应用清凉冷水冲洗，因热水可使血管扩张而可能促进毒物吸收，故不宜采用。冲洗要充分，否则可使毒物吸收面积扩大。

（2）口服中毒者应立即停止服用，设法促其呕吐。简单有效的办法是用手指刺激舌根部而引起呕吐。如此反复进行，直到胃内毒物全部呕吐出为止。

（3）腐蚀剂中毒者可灌服牛奶、蛋清或植物油。对口服中毒者采用洗胃法是清除体内尚未被吸收的毒物的行之有效的方法。洗胃一般在服毒后6小时内效果较好。凡中毒者皆宜送医院急救。

3. 常见中毒的急救处理

（1）煤气中毒。在日常生活中，家庭用火、取暖、洗浴时缺乏预防措施，是导致一氧化碳中毒的主要原因。一氧化碳是一种无色、无味的气体，几乎不溶于水。进入人体后，与体内血红蛋白的亲和力比氧高300倍，使血红蛋白丧失了携带氧的能力和作用，对全身的组织细胞均有毒性作用，尤其对大脑皮质的影响最为严重。中毒初期只是表现为头痛，随后会出现头晕、眼花、恶心、心慌、四肢无力、皮肤黏膜出现樱桃红色等症状。当人们意识到已发生一氧化碳中毒时，往往已无法实现有目的的自主运动。此时，中毒者头脑中仍有清醒的意识，也想打开门窗逃出，可手脚已不听使唤。所以，一氧化碳中毒者往往无法进行有效的自救。

当发现有人一氧化碳中毒后，救助者必须迅速按下列程序施行救助。

①因一氧化碳比空气略轻，故浮于上层，救助者进入和撤离现场时，如能匍匐行动会更安全。进入室内严禁携带明火，尤其是开放煤气自杀的情况，室内煤气浓度过高，按响门铃、打开室内电灯产生的电火花均可引起爆炸。

②进入室内后，应迅速打开所有通风的门窗，如能发现煤气来源则应同时控制，关闭煤气开关等，但绝不可为此耽误时间，因为救人更重要。然后迅速将中毒者背出充满一氧化碳的房间，转移到通风保暖处平卧，解开衣领及腰带，以利其呼吸顺畅。同时呼叫救护车，随时准备送往有高压氧舱的医院抢救。

③在等待运送车辆的过程中，对于昏迷不醒的患者可将其头部偏向一侧，以防呕吐物误吸入肺内导致窒息。为促其清醒可用针刺或用指甲掐其人中穴。若其仍无呼吸则需立即开始口对口人工呼吸。必须注意，对一氧化碳中毒的患者，这种人工呼吸的效果远不如医院高压氧舱的治疗，因而对昏迷较深的患者不应立足于就地抢救，而应尽快送往医院，但在送往医院的途中人工呼吸绝不可停止，应坚持2小时以上，以保证大脑的供氧，防止因缺氧造成脑神经不可逆性坏死。

(2) 安眠药中毒。安眠药种类很多，以鲁米那、速可眠、氯丙嗪、安定、奋乃静等最常用，中毒主要源于服用过量或一次大量服用。安眠药对中枢神经系统有抑制作用，少量服用可催眠，过量则可致中毒。中毒者多可查及有服用安眠药病史，会出现昏睡不醒、肌肉痉挛、血压下降、呼吸变浅变慢、心跳缓慢、脉搏微弱，甚至出现深昏迷和反射消失。若被吸收的药量超过常用量的15倍时可因呼吸抑制而死。安眠药的急性中毒症状因服药量的多少、时间、空腹与否以及个体体质等情况的不同而轻重各异。中毒者宜速送医院诊治，急救处理可刺激咽喉反射而呕吐，以1:1500高锰酸钾溶液或清水洗胃，还可以用硫酸镁导泻。

(3) 有机磷农药中毒。农药中毒以有机磷农药最为多见。在农药的生产、使用、装卸、运输、保管过程中，若不注意防护可通过呼吸道、消化道、皮肤和黏膜等途径侵入人体而引起中毒。误服或自杀也是农药中毒的又一原因。农药中毒一般分为轻、中、重度，胆碱酯酶活力降低至正常值的50%~70%，出现头晕、恶心、呕吐、多汗、视力模糊、无力、胸闷、瞳孔缩小等症状者为轻度中毒。中度中毒者胆碱酯酶活力降低至正常值的30%~50%，出现肌肉颤动、轻度呼吸困难、腹痛腹泻、流涎、瞳孔明显缩小等症状者为中度中毒。胆碱酯酶活力降低至正常值的30%以下，出现呼吸极度困难，肌肉震颤、瞳孔缩小如针、昏迷、大小便失禁等症状者为重度中毒。一旦发生此类中毒应立即救治。应将患者抬至通风、空气新鲜处，脱去污染的衣物，用肥皂水和清水反复彻底清洗接触农药部位皮肤。对误服者应立即刺激其舌根部以催吐，并用大量温水或2%~5%碳酸氢钠溶液洗胃，但敌百虫中毒禁用碱性液洗胃，硫代膦酸酯类有机农药，如1606、1059、3911、乐果等中毒不可用高锰酸钾洗胃。中毒症状明显者宜送医院救治。阿托品和特殊解毒剂的应用很重要，根据病情轻重，使用阿托品1~10mg，每10分钟至2小时一次，出现瞳孔较前扩大、口干及皮肤干燥、颜面潮红、心率加快及肺部啰音消失为阿托品化。及时应用氯磷啶或解磷啶。救治过程中可给氧，迅速清除呼吸道分泌物，肌注呼吸中枢兴奋药，注意保持水电解质平衡，抽搐者可用水合氯醛灌肠。农药中毒可通过防护而避免，要严格遵守操作规程，严禁农药与食物混放。

（4）酒精中毒。饮酒过量易造成急性酒精中毒，早期出现面红、脉快、情绪激动、语无伦次、恶心、呕吐、嗜睡、高热、惊厥及脑水肿等症状，严重者可出现昏迷，甚至会呼吸麻痹而死亡。处理原则是禁止继续饮酒，可刺激舌根部以催吐，轻者饮用咖啡或浓茶可缓解症状，较重者可用温水或2%碳酸氢钠溶液洗胃。一般醉酒者经休息、饮茶即可较快恢复。中毒症状重者宜送医院诊治。避免过量饮酒是预防本病发生的最有效方法，特别注意不要空腹大量饮酒。

（5）食物中毒。食物中毒一般发生在夏秋季，是因细菌污染食物而引起的一种以急性胃肠炎为主症的疾病。最常见的为沙门氏菌类污染，以肉食为主；葡萄球菌引起中毒的食物有乳酪制品、糖果糕点等；嗜烟菌引起中毒的食物是海产品；肉毒杆菌引起中毒的食物是罐头肉食制品。禁食霉腐变质的食品可预防食物中毒发生。食物中毒以呕吐和腹泻为主要表现，常在食后1小时到1天内出现恶心、剧烈呕吐、腹痛、腹泻等症，继而可出现脱水和血压下降而致休克。肉毒杆菌污染所致食物中毒病情最为严重，可出现吞咽困难、失语、复视等症状。食物中毒要及早救治，早期可考虑洗胃，以减少毒素的吸收，剧烈呕吐、腹痛、腹泻不止者可用硫酸阿托品注射，有脱水征兆者应及时补充体液，可饮用加入少许盐水、糖的饮品，或静脉输液，可选用适宜抗生素。肉毒杆菌食物中毒者应速送医院急救，给予抗肉毒素血清等。

食物中毒者早期应禁食,但不宜过长。

食物中毒的预防措施如下。

①禁止食用病畜、病禽,注意饮食、饮水卫生,对肉、禽、奶、蛋类食品加工、储存应严防污染。

②食物食用时要煮熟、煮透;存放、加工时生熟食物要分开。

③不食用腐败变质食物。

(6) 河豚中毒。河豚分布于我国沿海的大江河口,是一种肉味鲜美但含有剧毒的水产品。河豚的毒素主要有河豚毒及河豚酸两种,集中在河豚卵巢、睾丸、肝、肠等组织和血液中。河豚毒素的化学性质稳定,经盐腌、日晒和烧煮均不能被破坏;毒性强,此剧毒比氰化钾还要大 1000 多倍。河豚毒素能使神经麻痹,阻断神经肌肉的传导,主要是使脑干中枢和神经末梢麻痹,其毒素经胃肠道及口腔黏膜均可被吸收。

河豚毒素中毒的特点是发病急剧。一般可在食后半小时至 3 小时内迅速发病,病情进展快,发病后 4~6 小时内可发生死亡。典型症状是开始全身乏力,胃部不适,恶心、呕吐、腹痛、腹泻,继之出现口唇、手指、舌尖麻木,随之病情继续发展,四肢肌肉麻痹,丧失运动能力,导致瘫痪状态。重者吞咽困难,言语不清,呼吸困难,心律失常,昏睡昏迷,最后引起呼吸中枢麻痹和血管运动中枢麻痹而死亡。河豚毒素在人体内分解和排泄较快,发病超过 8~9 小时者多可存活。

河豚中毒者应立即送医院急救。

河豚的加工生产过程必须严格,经鉴定合格,证明无毒,方能出售。河豚死后,毒素可渗入肌肉中,所以未经加工处理的河豚不能食用。

第五章　火灾安全危机应对

火灾，几乎是和火的利用同时发生的。在人类社会发展初期，人们还没有什么物质方面的财富，因此火灾的危害还不十分明显。但是，随着人类社会的发展和物质财富的增多，特别是有了定居的房屋之后，人们才逐渐感受到火灾的巨大危害。火灾的危害有暂时和长期、直接和间接、明显和潜在、物质和精神之分。

第一节　火灾及预防

俗话说："贼偷一半，火烧全完"。校园火灾对师生的生命和财产安全的威胁是毁灭性的。根据造成的损失情况，可以将火灾分为三类，即特大火灾、重大火灾和一般火灾。

具有下列情形之一者为特大火灾：死亡10人（含10人，下同）以上；重伤20人以上；死亡、重伤合计20人以上；受灾50户以上；烧毁财物损失金额100万元以上。

具有下列情形之一者为重大火灾：死亡3人以上；重伤10人以上；死亡、重伤合计10人以上；受灾30户以上；烧毁财物损失金额30万元以上。

不符合以上所列标准的燃烧事故为一般火灾。

一、高校发生火灾的原因

高校是师生员工聚集较多的场所，学习、生活、工作、教学及实验等环节都存在一定的火灾隐患，有些房屋建筑存在耐火等级低、电气线路老化等现象；部分师生消防安全意识淡薄，违反学校管理规定及缺乏基本的消防安全常识。纵观火灾事故的教训，无一不是"人为"原因造成的，主要表现如下。

1. 消防安全意识淡薄

少数大学生认为火灾离自己很远，可能不会在自己身边发生，心存侥幸。

在面对学校举行的消防安全知识教育和培训时，认为是多此一举，没有必要；面对一些火灾案例和图片展时，只是觉得很凄惨，却没有从思想深处引起重视，因而在日常行为中表现得满不在乎。有的认为只要学习好了就行，其他的可以无所顾忌；有的认为消防工作是领导和学校有关部门的事情，与自己关系不大。

2. 违反学校管理制度

（1）违章使用电器。个别学生为图自己方便或省事，违规使用电炉、热得快、电热杯等大功率电器，可能会导致电线超载引起火灾。

（2）私自乱接电源。随着学生宿舍电脑、电视机等用电器具的普及，有的同学便私拉乱接电线、网线，增加了线路负荷，加上使用的大多是低负荷的软电线，长期超负荷运行后出现绝缘老化，极易导致火灾发生。

（3）胡乱丢弃烟头。烟头表面温度为200℃～300℃，中心温度可达700℃～800℃，超过了棉、麻、毛织物、纸张、家具等可燃物的燃点，许多同学对其"威力"认识不足，乱扔烟头，一旦与可燃物接触就容易引起燃烧，甚至酿成火灾。

（4）肆意焚烧杂物。使用明火最易发生火灾，因为明火实际上是正在发生的燃烧现象，一旦其失去控制马上便会转化为火灾。道理虽然简单明了，但有的同学却常常不以为然，随意在宿舍内焚烧废弃物，最终不仅自食苦果，还殃及他人。

（5）擅自使用炉具。高校宿舍是同学们学习和休息的地方，但有的同学图方便在宿舍使用酒精炉等煮面条，还有的将火锅端到寝室里庆祝同学的生日。凡此种种，无一不给校园安全造成隐患，对同学们生命和财产构成威胁。

（6）随意燃点蚊香。蚊香具有很强的阴燃能力，点燃后没有火焰，但能长时间持续燃烧，中心温度可高达700℃，超过了多数可燃物的燃点，一旦接触到可燃物就会引起燃烧，甚至扩大成火灾。

（7）违规使用蜡烛。蜡烛作为一种可以移动的火源，稍不小心，就可能烧熔，流淌，或者倒下，遇可燃物容易引起火灾。正因为其具有火灾危险性而被许多高校禁止，但少数同学却置若罔闻，最终酿成悲剧。

3. 消防基本知识贫乏

（1）不了解电气基本知识。许多大学生对基本的电气知识不了解，往往由于无知而造成火灾，诸如用铜丝代替保险丝、照明灯距离蚊帐太近、充电器长时间充电等都会埋下火灾隐患。

（2）不懂得灭火基本常识。火灾的三个关键阶段中，初期火灾是最易扑救的，但部分同学由于平时不注意对消防基本知识的学习，在发现火险火情后，不知如何处理，失去了最好的灭火时机，以致火势发展蔓延成火灾。

二、火灾的特点

（1）突发性：任何突发性火灾都不会有预警，当发现时往往已呈燃烧状态，如自燃、爆炸、电气设备短路及其他用火不慎等引起的火灾。突发性是火灾给人们造成恐慌的重要原因，突然的恐惧与危害刺激可能会使人们不能冷静地采取正确应对方式，错过扑救与逃生的第一时间。

（2）多变性：不同的建筑物发生不同的火灾，不同的火灾又有不同的形成和发展过程。民宅建筑单元密集、空间狭小，装修材料多为木材等易燃材料，发生火灾时燃烧迅速、火势集中，易导致轰燃，逃生路径单一，影响扑救和逃生。商用建筑，面积广阔、空间较大，空气流通良好，内部装修材料复杂，发生火灾时，火势猛烈，蔓延迅速，过火面积大，易造成群死群伤。

（3）瞬时性：一是在火场人员对火情的处理上，对于萌芽状态的火灾，如果及时正确地进行处理，便会避免灾难的发生。相反，如果见到火情，惊慌失措，不知如何扑救或没有及时报警，就会酿成大祸。二是在火场人员的逃生意识上，能否安全撤离火场，只在一念之间。如果掌握了火场逃生基本常识及技能，对逃生能做出正确的判断，便会绝处逢生。三是在火灾本身的无规律性上，现场所采取的一切手段和方法都必须根据火情的发展随机进行选择，果断、灵活处置。

（4）高温性：火场上可燃物质多，火灾蔓延速度快，往往短时间内热量便会聚积，特别是火灾发展到轰燃时，周围气体的温度骤然提高，可达到上千度。

（5）烟毒性："烟毒猛于虎"。火灾的发生必然生成大量的有毒烟气，尤其是现代社会生活中大量新型复合材料的广泛应用，更增加了烟气成分的复杂性，其对人体的危害更加严重。火场被困人员吸入低浓度烟气，就会出现呕吐、头痛、头晕等症状。吸入大量烟气则可能在瞬间失去知觉，甚至导致死亡。这也是火场群死群伤的主要凶手之一。因此，火灾发生时和逃生过程中，防止烟气的毒害尤为重要。

三、火灾的预防

1. 加强防火宣传教育，规范安全检查流程和普及消防常识

（1）宣传工作是一项群众性极强的工作，无论是社会还是高校只有广泛宣传、全面发动和精心组织，全心全意地依靠消防参与者进行消防管理，消防工作才有坚实的基础，只有使消防参与者认识到消防工作的重要性，并且

掌握了一定的消防知识，才能有效地控制火灾的发生。

（2）加强管理人员、学生的消防安全教育及培训。以学生公寓为例，针对学生公寓人员密集、安全隐患多的特点，学生公寓管理部门应从预防入手，注重宣传，对员工和学生进行消防安全教育、防火知识及突发事件演练培训等。采取各种方法对管理人员定期或不定期进行相关部门的消防安全培训，以提高学生公寓管理处理消防隐患的能力。

（3）在学生公寓日常消防安全检查中应制定消防器材和安全隐患检查表，严格要求公寓管理人员使用，并指定具有消防安全工作经验的管理人员负责。对消防器材和安全隐患检查表反映出的问题进行跟踪解决处理；对安全工作严格把关；对有可能造成安全事故的隐患明确指出，限期整改；对消防器材、设备按规定配置齐全，并随时可以使用。

（4）严格执行相关规章制度，加强对公寓的巡查力度，按照经常性安全六检查（一查责任、二查措施、三查制度、四查设施、五查隐患、六查意识），通过严格的检查去消除隐患。

2. 健全消防安全制度，落实防火责任制

健全的规章是预防火灾的基石。高校和社会都应将消防规章制度建设作为重要工作来抓，落实各项消防责任制，防患于未然。高校作为师生高度聚集的公共和教育场所，更要将消防制度建设作为重中之重来抓，按照"谁主管，谁负责"的方针落实责任制。

高校应该依法管理、制定安全管理细则，加大管理力度。对学生公寓依法进行管理，除了按国家的法律、法规对学生进行教育管理外，主要还是要依据公寓的消防规章制度，规范学生的行为，维持学生公寓的正常学习、生活秩序，维持学生公寓安全、稳定的环境。建立各级安全责任人，一级督促一级，学校各级管理部门形成一个合力，发现问题及时解决，做到问题未查清不放过，事件未处理不放过。

3. 深入进行防火检查，切实整改火险隐患

防火检查，是落实防火措施、预防火灾的重要手段，是一项长期的、经常性的工作。开展防火检查，一般采取经常性的检查和季节性的检查相结合，群众检查和专门机关的检查相结合的方法。检查的内容包括：消防安全制度的执行情况；干部和职工的防火观念和实际掌握消防知识技能情况；建筑结构、平面布局、水源、道路是否符合防火安全要求；用火用电和易燃易爆物品及其他重要物质生产、贮存过程中的防火情况；消防队伍活动情况；火险隐患整改情况；消防设施、器材配备情况；对发生火灾的处理情况等。对检查出来的火险隐患，要定人、定时、定措施整改，切忌拖延。

4. 加强内部消防队伍建设，提高自防自救能力

缺乏自我保救意识是造成人员伤亡的一个关键因素。日常生活中，人们对火灾比较忌讳，很少有家庭和单位会组织模拟救火、模拟逃生等训练，一旦发生火灾，往往手忙脚乱、不知所措。

我们要不断地对消防队伍进行预警演练，不断提高指挥员的指挥能力、战斗员的战斗能力，一旦发生火灾能"拉得出、打得响"，减少火灾的伤亡。高校要组建一支兼职消防队伍，公寓宿管员及学生干部也要列入消防队伍建设行列，切实提高群防群治的能力。

5. 提高消防意识，对消防安全常抓不懈

近几年，全国高校相继发生多起宿舍火灾事故，已造成众多人员伤亡。在维护安全稳定的具体工作中，学生公寓管理部门应采取措施防止火灾及安全事故的发生，对消防安全常抓不懈，进一步明确学生公寓安全的工作要点，落实检查监督工作。认真做好学生公寓的日常安全巡视和管理。针对学生公寓人员密集的特点，重点抓"消防安全"，每天进行检查，不定期进行排查，强调宿舍区内消防安全"天天抓、时时抓、反复抓"。进一步做好日常安全防火教育与管理服务工作。通过形式多样的学生寝室文化和报刊、板报等宣传阵地，加强学生公寓安全、防火等方面的宣传，在整个公寓管理服务人员中，形成一种"针对消防工作，做到脑不停、眼不停、手不停、脚不停地工作氛围"，切实做好学生公寓的安全管理工作。

做好消防工作是治安管理工作中的一件大事，而火灾发生是千变万化的，涉及各个方面，作为保卫部门要不断地了解和总结火灾发生的起因，只有这样才能在开展消防工作时，针对不同的原因更有效地预防火灾的发生。高等院校内部治安环境较为复杂，消防管理难度较大，保卫部门要针对高校内部治安环境的不同侧面不断地探索、不断地研究、不断地宣传，切实把消防工作落实到实处，"隐患险于明火，防患胜于救灾，责任重于泰山"。高校的每位学生也要不断地学习消防法规和通过消防火警案例和防火措施吸取经验教训，提高自我防范意识，好好学习，养成遵守校纪、遵守消防规范，做一名合格的当代大学生。各单位、广大人民群众积极配合，提高个人素质，不要让"火"的危害发生在当代天之骄子身上。

第二节　火灾的扑救

物质燃烧必须同时具备三个必要条件，即可燃物、助燃物和着火源。根据这些基本条件，我们可以得出灭火的基本原理：一切灭火措施，都是为了

破坏已经形成的燃烧条件，或终止燃烧的连锁反应而使火熄灭或者把火势控制在一定范围内，最大限度地减少火灾损失。

一、灭火的基本方法

火灾过程一般可分为初起、发展、猛烈、下降和熄灭5个阶段。一般情况下，第一阶段是灭火的最佳时期，由于火势不大，通常用学校配置的消防器材就可以成功扑救。如果火势已到了猛烈燃烧的第三阶段，就必须撤离，由训练有素的消防官兵灭火。从近年发生的一些重大、特大火灾可以看出，有相当一部分火灾都是因为火灾初起时扑救不力或者采取错误方法灭火造成的。对应起火原因，一般可以将火灾扑救的基本方法归纳为以下几种。

（1）冷却法：用水扑灭一般固体物质的火灾，通过水来大量吸收热量，使燃烧物的温度迅速降低，最后使燃烧终止。如家具、被褥起火，一般用水扑救。

（2）窒息法：用二氧化碳、氮气、水蒸气等来降低氧浓度，使燃烧不能持续。也可以采用土埋、湿棉被掩盖等办法来阻隔新鲜空气，达到灭火的目的。

（3）隔离法：用泡沫灭火剂灭火，通过产生的泡沫覆盖于燃烧体表面，在冷却的同时，把可燃物同火焰和空气隔离开来，达到灭火的目的。

（4）化学抑制法：用干粉灭火剂通过化学作用，破坏燃烧的链式反应，使燃烧终止。

二、及时而准确地报火警

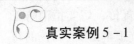
真实案例5-1

"消防队，快来吧！"

某年10月14日凌晨2时10分，河南省投资管理学校家属楼2号楼1单元牛某家由于液化气罐爆炸，致使祖孙三代4人死亡。爆炸发生后，该楼居民大学生杨某拨打"110"报火警。他冲着话筒直喊："消防队，快来吧，我们楼着火啦。"110值班员问他："喂，不要害怕，慢慢说，着火的位置在哪？是什么物质着火？"杨某却不回答问话，只是说："消防队，你们快来吧，我们这个楼就要烧完了！"

由于无法适应突变的环境，人有可能产生一种恐惧心理，表现为心慌、害怕、言行错乱、判断力和意志力下降等。因此要准确报火警，还需先保持镇定，按如下步骤操作。

（1）拨打119，说明发生火灾的单位、地址、楼层、周围明显的建筑标志。

（2）说明燃烧的物品种类，例如是否属于化学原料。

（3）说明火势情况，例如是否看得见火光，有多少房间着火、冒烟等。

（4）口齿清晰，一定要回答119接警员的所有问题，听到对方说可以放下电话时再挂断。如有人力，应派人到主要路口，引导呼啸而来的消防车辆尽快赶到现场。

三、常见灭火器的使用

灭火器的种类很多，按其移动方式可分为手提式和推车式；按驱动灭火剂的动力来源可分为储气瓶式、储压式、化学反应式；按所充装的灭火剂又可分为泡沫、干粉、卤代烷、二氧化碳、酸碱、清水等。

1. 干粉灭火器的使用

碳酸氢钠干粉灭火器适用于易燃、可燃液体、气体及带电设备的初起火灾；磷酸铵盐干粉灭火器除可用于上述几类火灾外，还可扑救固体类物质的初起火灾。但都不能扑救金属燃烧火灾。

灭火时，可手提或肩扛灭火器快速奔赴火场，在距燃烧处5米左右，放下灭火器。如在室外，应选择在上风方向喷射。使用的干粉灭火器若是外挂式储压式的，操作者应一手紧握喷枪，另一手提起储气瓶上的开启提环。如果储气瓶的开启是手轮式的，则向逆时针方向旋开，并旋到最高位置，随即提起灭火器。当干粉喷出后，迅速对准火焰的根部扫射。使用的干粉灭火器若是内置式储气瓶的或者是储压式的，操作者应先将开启把上的保险销拔下，然后握住喷射软管前端喷嘴部，另一只手将开启压把压下，打开灭火器进行灭火。有喷射软管的灭火器或储压式灭火器在使用时，一手应始终压下压把，不能放开，否则会中断喷射。

干粉灭火器扑救可燃、易燃液体火灾时，应对准火焰根部扫射，如果被扑救的液体火灾呈流淌燃烧时，应对准火焰根部由近而远，并左右扫射，直至把火焰全部扑灭。如果可燃液体在容器内燃烧，使用者应对准火焰根部左右晃动扫射，使喷射出的干粉流覆盖整个容器开口表面；当火焰被赶出容器时，使用者仍应继续喷射，直至将火焰全部扑灭。在扑救容器内可燃液体火灾时，应注意不能将喷嘴直接对准液面喷射，防止喷流的冲击力使可燃液体溅出而扩大火势，造成灭火困难。如果当可燃液体在金属容器中燃烧时间过长，容器的壁温已高于扑救可燃液体的自燃点，此时极易造成灭火后再复燃的现象，若与泡沫类灭火器联用，则灭火效果更佳。

使用磷酸铵盐干粉灭火器扑救固体可燃物火灾时，应对准燃烧最猛烈处喷射，并上下、左右扫射。如条件许可，使用者可提着灭火器沿着燃烧物的四周边走边喷，使干粉灭火剂均匀地喷在燃烧物的表面，直至将火焰全部扑灭。

2. 泡沫灭火器的使用

泡沫灭火器适用于扑救油制品、油脂等引起的火灾，不能扑救水溶性可燃、易燃液体的火灾，如醇、酯、醚、酮等物质火灾，也不能扑救带电设备着火引发的火灾。

使用时，可手提筒体上部的提环，迅速奔赴火场。这时应注意不得使灭火器过分倾斜，更不可横拿或颠倒，以免两种药剂混合而提前喷出。当距离着火点 10 米左右，即可将筒体颠倒过来，一只手紧握提环，另一只手扶住筒体的底圈，将射流对准燃烧物。在扑救可燃液体火灾时，如已呈流淌状燃烧，则将泡沫由远而近喷射，使泡沫完全覆盖在燃烧液面上；如在容器内燃烧，应将泡沫射向容器的内壁，使泡沫沿着内壁流淌，逐步覆盖着火液面。切忌直接对准液面喷射，以免由于射流的冲击，反而将燃烧的液体冲散或冲出容器，扩大燃烧范围。在扑救固体物质火灾时，应将射流对准燃烧最猛烈处。灭火时随着有效喷射距离的缩短，使用者应逐渐向燃烧区靠近，并始终将泡沫喷在燃烧物上，直到扑灭。使用时，灭火器应始终保持倒置状态，否则会中断喷射。

（手提式）泡沫灭火器应选择干燥、阴凉、通风并取用方便之处存放，不可靠近高温或可能受到曝晒的地方，以防止碳酸分解而失效；冬季要采取防冻措施，以防止冻结；并应经常擦除灰尘、疏通喷嘴，使之保持通畅。

3. 二氧化碳灭火器的使用

灭火时只要将灭火器提到或扛到火场，在距燃烧物 5 米左右，放下灭火器拔出保险销，一手握住喇叭筒根部的手柄，另一只手紧握启闭阀的压把。对没有喷射软管的二氧化碳灭火器，应把喇叭筒往上扳 70°～90°。使用时，不能直接用手抓住喇叭筒外壁或金属连线管，防止手被冻伤。灭火时，当可燃液体呈流淌状燃烧时，使用者将二氧化碳灭火剂的喷流由近而远向火焰喷射。如果可燃液体在容器内燃烧时，使用者应将喇叭筒提起，从容器的一侧上部向燃烧的容器中喷射。但不能将二氧化碳射流直接冲击可燃液面，以防止将可燃液体冲出容器而扩大火势,造成灭火困难。

推车式二氧化碳灭火器一般由两人操作,使用时两人一起将灭火器推或拉到燃烧处,在离燃烧物 10m 左右停下,一人快速取下喇叭筒并展开喷射软管后,握住喇叭筒根部的手柄,另一人快速按逆时针方向旋动手轮,并开到最大位置。灭火方法与手提式的方法一样。

使用二氧化碳灭火器时,在室外使用的,应选择在上风方向喷射。在室内窄小空间使用的,灭火后操作者应迅速离开,以防窒息。

4. 1211 手提式灭火器的使用

使用时,应将手提灭火器或肩扛灭火器带到火场。在距燃烧处 5 米左右,放下灭火器,先拔出保险销,一手握住开启把,另一手握在喷射软管前端的喷嘴处。如灭火器无喷射软管,可一手握住开启压把,另一手扶住灭火器底部的底圈部分。先将喷嘴对准燃烧处,用力握紧开启压把,使灭火器喷射。当被扑救可燃烧液体呈现流淌状燃烧时,使用者应对准火焰根部由近而远并左右扫射,向前快速推进,直至火焰全部扑灭。如果可燃液体在容器中燃烧,应对准火焰左右晃动扫射,当火焰被赶出容器时,喷射流跟着火焰扫射,直至把火焰全部扑灭。但应注意不能将喷流直接喷射在燃烧液面上,防止灭火剂的冲力将可燃液体冲出容器而扩大火势,造成灭火困难。如果扑救可燃性固体物质的初起火灾时,则将喷流对准燃烧最猛烈处喷射,当火焰被扑灭后,应及时采取措施,不让其复燃。

1211 灭火器使用时不能颠倒,也不能横卧,否则灭火剂不会喷出。另外在室外使用时,应选择在上风方向喷射;在窄小的室内灭火时,灭火后操作者应迅速撤离,因 1211 灭火剂也有一定的毒性,以防对人体的伤害。

第三节 火灾事故中的逃生

人在瞬息万变的火灾中,其心理及行为表现是多种多样的,在火灾中,瞬间不良的心理将导致错误的行为,造成终生遗憾;相反,良好的心理素质、正确的逃生行为、有效的灭火措施往往能使受灾人员绝处逢生。

一、火灾中人的异常心理与行为

很多人在遭遇危险时会失去理智,或因恐惧而陷入慌乱。在校园突发火灾中,学生较常见的不良反应有以下类型。

1. 目瞪口呆、无所作为型

当面对火灾时，有的学生猛然发现自己身陷火海之中，完全被眼前的情形所惊呆，头脑一片空白，只能呆立或瘫坐，任凭火势发展，不采取任何行动，甚至有的连消防队员的呼唤都听不到，错失被救援的良机。

2. 不知所措、贻误时机型

与上一种不同，这种类型的学生一般会大喊大叫，做出一些扑救的行为，但很快陷入思维混乱，对火势丧失判断力，在扑救和逃生之间举棋不定，或错过了扑救火灾的时机，或错过了安全疏散的时机。

3. 横冲直撞、一根筋型

这种类型的学生遭遇火灾后，自己不知道该怎样逃生，只知道跟着大家跑，有很强的从众心理。结果往往是撞进死胡同，白白浪费疏散时间、错失逃生机会。

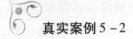

真实案例 5-2

158 具尸体堵在一个出口

某年 11 月 27 日，辽宁省阜新艺苑歌舞厅大火，死亡 233 人。其中，一个仅 0.8m 宽的出口处堆积了 158 具尸体，层层叠叠有 1 米多高。从火灾现场看，明明门口被人堵塞，从此逃生已无希望，应该另辟蹊径，但很多逃难者还是跟着别人拥堵在门口，结果一起葬身火海。

4. 情绪激动、急于救火型

这种类型也很危险。他们多会奋不顾身在火场中猛冲，急于救火，多见于男生。由于对火场缺乏了解，对火灾扑救知识的欠缺，很可能导致被困火场、楼顶或阳台，造成不必要的伤亡。

二、火海逃生有技巧

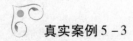

真实案例 5-3

东都歌舞厅惨剧

某年 12 月 25 日，洛阳东都歌舞厅发生大火，死亡 309 人。当救援的第一批消防队员破门进入歌舞厅时，发现有的人坐在沙发上，有的人趴在地上，毫发未损，以为他们还活着。上前一看才发现，这些人七窍流血，已经由于吸入过量的有毒烟气窒息而死。就在这面积不大的地方，倒下了200余人，惨不忍睹。

　　从着火规模上说，东都歌舞厅的火灾不算是特大的，但后果却非常严重。消防专家分析，主要原因有三个：一是房屋建筑设计有问题，没有设置防火门，导致有毒烟气迅速扩散到整幢大楼；二是现场无人组织疏散，大家漫无目的地各自夺路逃生，耽误了自救的宝贵时间；三是现场人员大多不懂火场逃生技巧，没有很好地利用现场条件积极逃生，最后因吸入大量有毒烟气造成中毒、窒息而死。

　　在这起火灾中，还有一部分幸存者，他们的逃生经验值得借鉴。

　　（1）有2名幸存者在情急之下跑进厕所，紧闭厕所门，堵住了浓烟侵入，最终获救。

　　（2）有4名幸存者发现着火后，迅速躲进一间KTV包房，拽掉墙上的空调管子，户外的新鲜空气通过空调安装孔进入室内，遇险人员得以幸存。

　　（3）有几十人打破窗玻璃呼叫救援，最后被消防员通过救生绳和消防云梯救出。

　　可见，掌握一定的火场逃生技巧，可以在关键时刻保住性命。

三、火灾紧急疏散要诀

　　有专家总结了火灾紧急疏散逃生自救的十要素。

　　★ 熟悉环境，记清方位，明确路线，迅速撤离。
　　★ 通道不堵，出口不封，门不上锁，确保畅通。
　　★ 听从指挥，不拥不挤，相互照应，有序撤离。
　　★ 发生意外，呼唤他人，不拖时间，不贪财物。
　　★ 自我防护，低姿匍匐，湿巾捂鼻，防止毒气。
　　★ 直奔通道，顺序疏散，不入电梯，以防被关。
　　★ 保持镇静，就地取材，自制绳索，安全逃生。
　　★ 烟火封道，关紧门窗，湿布塞封，防烟侵入。
　　★ 火已烧身，切勿惊跑，就地打滚，压灭火苗。
　　★ 无法自逃，向外呼喊，请人援救，脱离困境。

遭遇火险，一定要克服从众、恐惧等不良心态，保持冷静，采用恰当的逃生办法：

1. 平时就养成熟悉逃生通道的习惯

不仅要熟悉长期居住环境的逃生通道，当来到酒店、商场、网吧等场所时，也务必要留心消防通道、安全出口及楼梯方位，未雨绸缪。

2. 做好简易防护

最简易的方法就是用打湿的毛巾、手帕、口罩等捂住口鼻，还可用水浇身、匍匐前进，避免吸入有毒烟气。

3. 利用好阳台、窗口

不清楚火势情况时，可以利用窗口或阳台向外张望、询问、呼救等；如果被火场围困，也应尽可能留在阳台、窗口等易于被人发现的地方。

4. 冷静选择逃生路线

面对浓烟和烈火，首先要强令自己保持镇静，快速判明危险地点和安全地点，决定逃生办法，千万不要盲目地跟从人流相互拥挤、乱冲乱撞。

（1）首选路线：如果火势不大，应尽量往楼层下面跑，若通道被烟火封阻，则应背着烟火方向离开。

（2）次选路线：如果火点位于自己所处位置的下层，且火和烟雾已封锁了向下逃生的通道，就选择跑向楼顶天台，如楼顶上面有水箱，可用水浇湿自己的衣服，以抵御火焰的高温熏烤。

（3）第三选择：如果在向上逃生的路线中，发现自己被火、烟追赶并被封锁了向上的道路，应当选择从另一层的走廊通道逃生，或者退守到该层有利于躲避的房间，寻求其他自救方法。

（4）万不得已的选择：大火已经将逃生、躲避的通道、处所全部封锁，只能跳楼时，必须采取以下措施：选择楼下较软处着地，如水池、河边、沙地、枝叶茂盛的树顶等；或向下抛棉被、沙发垫等松软物品。跳楼时，应抱紧头部、身体弯曲、蜷成一团，可以减少头部着地和人体着地的冲击力。需要注意的是，在三楼以上的楼层选择跳楼，很难不受伤，必须做好防护措施。通常火灾中，相当一部分伤亡人员都是盲目跳楼所致。

真实案例 5-4

上海商学院火灾：女生犹豫很久，最终跳下楼

有媒体报道称，4 名女生跳楼是因大火将走道和阳台封闭。目击者说，起

火后该宿舍内的4名女生手扒着阳台栏杆，身体悬空在外大约一分钟左右，一直大声呼救，由于体力不支最终坠楼。

据着火大楼5楼宿舍的一女生说，602寝室起火后，该寝室门无法打开。

据上海商学院女生宿舍楼附近工地人员称，今晨看到该大楼6楼有宿舍着火，4名女生被大火围困，被逼跑到东面的阳台上，4女生情急下先后从6楼跳下。其中，最后一个女生在阳台上犹豫了很久，但最后也跳了下来。另据该宿舍楼5楼的一名女生说，602宿舍的女生跳楼时，有的身上的衣服已经被烧了起来。

发生火灾的建筑为7层宿舍楼，钢混结构，着火房间是该宿舍楼602室，该室全部过火，建筑面积约$25m^2$，烧毁蚊帐、棉被、书籍等物品。602寝室失火未殃及周边寝室。

据知情人士透露，事故原因可能是602寝室违规使用"热得快"导致。

第六章　财务安全危机应对

真实案例 6-1

21岁的张英（化名）是河北人，现在沈阳读书。两个月前，通过视频聊天，与19岁的新民男孩代德帅相识。2008年10月10日上午，代德帅赶到沈阳看望张英，两个人在街头见面后就同居了。

当日下午，张英来到沈阳市内一家农业银行取钱。一旁的代德帅偷偷记下取款密码。次日上午，张英上学后，代德帅找来老乡张勇伟，两人找到张英的银行卡和身份证，分3次提取了2.16万元现金。"起初我们很害怕，后来决定花掉这笔钱，好好享受一下。"他们首先购买名牌休闲服、运动鞋，然后多次出入KTV、迪吧等娱乐场所。在短短十多天内，他们将2万多元钱挥霍一空。

十几天后，准备交学费的张英发现了银行卡中少了2万多元，多次询问代德帅。代德帅表示"11月初肯定还钱"。11月3日，代德帅与张勇伟偷走了张英的笔记本电脑和手机，卖了2200元钱。随后，他们躲进一家小旅社内，每天上网打发时间。11月16日下午，张勇伟给张英打电话，称两个人现在身无分文，希望能给他们100元钱回家的路费。这次，张英果断报警，当张勇伟走进张英家时，被闻讯赶来的民警当场抓获。斗姆宫派出所教导员卢强带领民警兵分两路，一路在旅店蹲守，一路对附近网吧进行排查。次日凌晨1时45分，代德帅回到租住的旅馆时，被守候多时的民警抓获。代德帅交代，这样的事，他不止干过一次，曾有几名北京女网友也受过类似的伤害。

第一节　高校财务安全危机概述

大学生寄宿在学校中，免不了要与钱、财、物打交道。大学生的财务安全涉及范围很广，不只包括现金、银行卡、存折、校园一卡通，还包括手机、笔记本电脑、吉他、网球拍、照相机、MP4、自行车、贵重工具书等。由于很多大学生没有脱离父母监护的生活经验，不善于安排和管理自己的生活，有的学生显财摆阔、故意露富，有的财物乱放，在自我防范上存在漏洞，从而造成了财务危机乃至人身安全危机。

一、高校侵财案件的主要形式

1. 盗窃

盗窃是大学校园的多发性案件，一般占到高校发生的刑事案件的八成以上。而大学生被盗的物品主要集中在现金或存折、手机、相机、计算机以及衣服等生活用品上。

2. 抢夺抢劫

抢夺抢劫是公众场所容易发生的案件，近年来在校园中也频频发生。这类案件具有较大的危害性，容易转化为凶杀、伤害、强奸等恶性案件，严重威胁学生人身安全，对学生的精神健康带来较大伤害。

3. 诈骗

随着高校后勤管理社会化的进程，诈骗案在高校发生率陡增，案发率仅次于盗窃案。诈骗分子一般利用大学生单纯、没有社会经验、急于获利等心理，骗取被害人的信任，使被害人主动交出财物。

4. 敲诈勒索

犯罪分子利用学生胆小怕事的特点，屡屡得逞。这类案件的出现，也警示我们要提高大学生的防范意识，帮助他们拿起法律的武器，洁身自好、遵守法纪，以免授人以柄。

在本章后两节，我们将分类介绍防范上述财务安全危机的知识。

二、高校侵财案件的特点

一般侵财案件都有如下特点：实施犯罪前有预谋准备的窥测过程；犯罪现场通常会遗留痕迹，如指纹、脚印、物证等；犯罪手段和方法带有习惯性；有赃物、赃款可追查。由于客观场所和作案主体的特殊性，高校侵财案件一般具有以下特点。

1. 人员的特定性

经统计，高校侵财案件的作案人员一般分为三类，50%是校外人员流窜作案；40%是在校学生；10%是暂住校内的校外人员。根据警方提供的统计数字，每年抓获的高校侵财案件犯罪嫌疑人平均年龄不超过25岁，其中男性占90%以上。为掩人耳目，嫌疑人一般都会在穿着上有意向大学生靠拢，一方面不易引起注意，另一方面一旦作案时被撞见就谎称"走错了"，便于溜走。从作案区域来看，一般在家属楼、实训（验）楼等校园角落区域作案的，主要是周边无业人员、来校务工人员；而在宿舍区、自习室等发生的案件，主要作案人是在校学生，因为他们熟悉环境和被害人，非常容易得手。

2. 案发时间有规律性

每一所高校都有自己独特的学习、生活规律，这些规律影响和制约着行为人某种行为的实施。一般来说，作案人会选择无人的时间空隙作案，例如新生军训时的宿舍、节假日的计算机房、用餐时间的自习室等。此外，当高校举办大型活动或新生入学、毕业生离校时，外来人员突然增多，作案人也有可能混在来校人员中间伺机作案。

3. 侵害目标的准确性

作案人一般对校内活动时间、地点等信息非常关注，作案前一定会多方打听。财会室、机房在哪里，作案人会打听得非常清楚；被害人的钱财物放在哪里、上没上锁、钥匙在哪，作案人也基本了解，一旦有时机作案，就会轻易得手。

4. 手段和方法的单一性

高校侵财案件的作案工具非常简单，通常仅限于螺丝刀、插片等。作案人最常用的方法就是在校园"闲逛"作案，在教室、图书馆、学生公寓等处徘徊，一有机会就立即下手。有时也会采取偷钥匙、攀爬窗台、阳台等方法作案，即使被人发现也能用早已编好的理由离开。

5. 案值上的增大性

高校内往来的人员较多，之间比较熟悉，盗窃大件物品很容易引起注意。因此，盗窃案件一般涉及的财物都是体积较小的物品，如笔记本电脑、手机、饭卡、银行卡、文曲星、衣物等。近年来高校机房电脑盗窃案增多，也主要以盗窃电脑内部部件为主。这些物品体积虽小，但是案值大，一旦失窃，大都构成刑事犯罪案件。

6. 反侦查的智能性

高校侵财案件的作案主体，一般以高学历、高智商的人居多，有的本身就是大学生。他们善于学习，往往会借鉴影视片中的片段，伪造现场，给侦破工作带来难度。

真实案例 6-2

某高校 2009 级学生冯某，在自己宿舍作案多起。每次作案都会事前精心策划、事后破坏现场。他还故意在门上制造撬痕或在窗台上制造爬窗的痕迹，把内盗伪装成外盗，转移侦破视线。

三、遭遇侵财危机后的处理方法

对于高校发生的侵财案件，我们强调防范，提醒同学们警之于先，但如果遭遇了，也不要"认倒霉算了"，还要到有关部门报案并吸取教训，察之于后。具体处理方法可以参考以下内容。

（1）一旦发现丢失财物，如被盗或醒悟被骗，首先要保持头脑冷静，迅速回忆是否刚刚见到了嫌疑人，如果有可能，马上叫上同学或请有关部门帮助寻找和围堵嫌疑人。

（2）如果与作案人正面遭遇，如堵住正在入室行窃的嫌疑人或被抢劫，只要具备反抗能力或者时机有利，可以联合在场的人共同反抗，或高声呼救，引来附近的人帮忙，制服作案人。一般情况下，作案人在遭遇反抗时都会心虚退却。但如果没有反抗可能，就要注意观察作案人的特征，以便今后提供给警方并寻机逃脱。

（3）一旦发现被盗应马上撤离，保护好案发现场，切忌翻动现场物品，察看损失情况。

（4）发现银行卡、存折、校园一卡通等被盗，应马上挂失。

（5）及时报案，配合公安机关、高校保卫部门的侦查和调查访问工作。一般情况下，高校侵财案件的犯罪嫌疑人会连续作案。如果报案及时，会在附近其他地点抓获正在作案的嫌疑人。他们还有可能正在校园附近的商场、餐厅挥霍，如能提供准确特征，则有利于高校利用严密的组织机构和防范机制将其抓获。如果发现线索，应积极主动地向组织汇报，必要时可以请求有关部门予以保密。

第二节 防盗与防抢

盗窃与抢劫，一直是社会关注的治安热点，也是高校治安防范的重点。大学生遭遇盗窃和抢劫，平静的生活被打乱，愉快的学习生活从此蒙上阴影。如果我们有较强的防范意识，采取有效的措施，就可以避免被盗和被抢。

一、防盗

1. 高校盗窃案件中常见的作案方式

在高校盗窃案件中，作案人主要采用以下方式行窃。

（1）见财起意，顺手牵羊。作案人趁主人不备将放在桌上、床上、走廊、阳台等处的钱物信手拈来而占为己有。有些偶然的机会，使盗窃分子有机可乘。看见别人的摩托车、自行车没锁，顺手盗走。

（2）乱闯乱窜，乘虚而入。作案人趁主人不在，房门抽屉未锁之机入室行窃。有些犯罪分子急于得到财物，根本不"踩点"，而是以找人、借东西为由，不宜下手就道歉告退，如有机会立即行窃。

（3）窗外钓鱼。作案人用工具在窗外或破窗将被害人的衣服等财物钓走。

（4）翻窗入室。作案人翻越没有牢固防范设施的窗户、气窗等入室行窃。入室窃得所要钱物后，常又堂而皇之地从大门离去，因此窃贼有时不易被发现。

（5）撬门扭锁。作案人用工具撬开门锁而入室行窃。这种犯罪人手段毒辣，入室后还继续撬抽屉或箱子、翻箱倒柜，进而盗走现金等贵重物品。此种方式的大多都是外盗。

（6）用某人的钥匙开某人的锁。作案人用某人随手乱丢的钥匙，趁其不在宿舍时打开他的锁，进而盗走现金等贵重物品。此种方式的大多都是熟人作案。

（7）借口找人，投石问路。外来人员流窜盗窃，首先要摸清情况，包括时间、地点、治安防范措施等。往往借口以找人为由打探虚实，一旦有机会就立即下手。

（8）伪装老实，隐蔽作案。个别人从表面看为人老实，工作、学习积极，实为用此做掩护，作案后不会被人怀疑。

（9）调虎离山，趁机盗窃。有些人故意提供虚假"信息"诱你离开宿舍，然后趁室内无人行窃。

（10）浑水摸鱼，就地取"财"。宿舍内发生意外情况或学校组织大型活动时，乘人不备，进行盗窃。

（11）里应外合，勾结作案。学校学生勾结外来人员，利用学生情况熟的特点，合伙作案。

2. 掌握防盗的基本常识

财产得以妥善保管，学生才能全身心地投入学习，而保管好财产的关键在于预防。

（1）离开宿舍或教室时，哪怕是很短的时间，都必须妥善保管好贵重物品；将贵重物品锁入小柜，或随身携带；锁好门，关好窗，千万不要怕麻烦；一定要养成随手关灯、随手关门、随手关窗的习惯，以防盗窃犯罪人乘隙而入。

（2）不要留宿外来人员。大学生应该文明礼貌、热情好客，但不能讲义气、讲感情而不讲原则、不讲纪律。如果违反学校学生宿舍管理规定，随便留宿不知底细的人，就等于引狼入室而将会后悔莫及。

（3）严格宿舍楼管理制度，加强值班。值班人员要加强责任心，对外来人员进行登记，防止不法分子混入宿舍。发现形迹可疑的人应加强警惕、多加注意。作案人到教室和宿舍行窃时，往往要找各种借口，如找什么人或推销什么商品等，见管理松懈、进出自由、房门大开，便来回走动、窥测张望、伺机行事，摸清情况、瞅准机会后就撬门扭锁，大肆盗窃。遇到这种可疑人员，同学们应主动上前询问，如果来人确有正当理由，一般都能说清楚。如果来人说不出正当理由，又说不清学校的基本情况，疑点较多，其神色必然慌张，则需要进一步盘问，必要时还可以请他出示身份证、学生证、工作证等身份证明。经核实身份无误又未发现带有盗窃证据的，可交值班人员记录其姓名、证件号码、进出时间后请其离去。如果发现来人携有可能作案工具或赃物等证据时，可一方面派人与其交谈以拖延时间，另一方面打电话给学校保卫部门尽快来人做调查处理。

（4）注意保管好自己的钥匙，包括教室、宿舍、箱包、抽屉等处的各种钥匙，不能随便借给他人或乱丢乱放，以防"不速之客"复制或伺机行窃。现金存入学校银行，存折加密。密码、存折、身份证等要分开存放，不要将密码告知他人。如钥匙丢失，应及时更换新锁。

（5）同学之间要互相关照。同学、隔壁宿舍之间要团结互助，互相关照。尤其是不同宿舍要经常联系，熟悉彼此的宿舍成员情况。

（6）听到反常的声音要提高警惕。有的窃贼以找人为名，敲门试探是否有人；有的身着军装或警服冒充军警人员敲门试探；有的冒充暖气、煤气、自来水的修理工及房管人员以察看房屋为借口敲门试探；还有的男女合伙提着水果、点心等装作串门的敲门试探。若有人时当做找错了门，有的敲门后上一层或下一层听动静，室内没人开门时随即一人放哨，一人动手作案。

二、防抢

1. 高校抢劫和抢夺犯罪案件的特征

大学校园发生的抢劫、抢夺犯罪案件有一些典型特点。

(1) 案发时间多为晚上，特别是校园内夜深人静、行人稀少时。
(2) 午休时间也可能发案；发案地点多为校内偏僻场所，人少的地段。
(3) 抢劫、抢夺的对象多为携带贵重物品的人、滞留在阴暗处的恋爱男女或独自行动的人，特别是女同学。
(4) 犯罪分子攻击的目标是抢夺现金、贵重物品。
(5) 犯罪分子较凶残，多数携带凶器，极具侵害性。
(6) 作案人一般为校园附近农村、工厂或城镇中不务正业的劣迹青年。

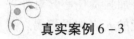

真实案例 6-3

某年 10 月 29 日晚，陕西省某高校西校区经管本科生高某在校园内与一名女生在僻静处聊天，被一伙大柳滩无业青少年殴打，强行索要钱财。他们拿到 50 元钱后，还押着女生到女生宿舍取 200 元钱，宿管人员看到情形可疑，就打 110 报警，不法青少年借机逃离，但还经常打电话威胁该女生，继续要钱。女生说接电话不方便让对方打手机并设置录音，根据此线索公安机关很快破案，将 6 名不法青少年全部抓获（其中一人未满 18 岁）。

（转载自某高校网站，有改动）

2. 发生抢劫、抢夺时的处置办法

如果遭遇到抢劫，一定要保持清醒和冷静，克服恐惧、恐慌等心理。认真冷静地分析自己所处的环境，针对不同的情况做出相应的策略。

(1) 无论什么环境下，遭遇抢劫或抢夺时，应大声呼救，并及时报警。如果是在比较偏僻的地方或者不易做出反抗的情况下，应当首先保护人身安全，放弃财物，待相对安全的时候马上报警。

(2) 如果当时情况有能力反抗或有时机反抗，就应该及时地进行反抗，促使作案人失去继续作案的心理和能力。

(3) 可以根据当时的情况，使用工具或一些身边的物品进行自卫，拖延时间，使作案人在较短的时间内无法接近，无法达到目的，以此来获得帮助，同时给作案人心理上造成压力以至放弃作案。

(4) 如果当时情形或力量无法进行反抗，尽量向人多、灯多光亮的地方跑。若已被控制，则要交出财物，保证人身安全，同时应该对其进行语言上的教育或劝说。随时观察作案人的动向，当作案人放松警惕的时候，看准时机反抗或者逃跑并及时报警。

(5) 在作案人作案后，在及时报警的情况下，可以悄悄地尾随其后，注意作案人的行动去向，并尽量记下作案人的身高、年龄、特殊标志等特征，为警察抓捕或破案提供有效的证据或依据。

(6) 当发生被抢夺或抢劫后，一定要及时去报警，因为很多作案人都是惯犯，准确描述作案人的特征，有利于相关部门组织力量抓捕作案人。

第三节　防骗与防勒索

近年来，一些不法之徒盯上了涉世不深的大学生，花言巧语接近、利用学生的善良和少数学生贪图小利的心理作案，骗取或勒索钱财。

一、防骗

1. 高校诈骗案件的典型实例

（1）编造学生在学校受到意外伤害的谎言，对学生家长及亲属实施诈骗。

真实案例 6-4

某年5月，广东省某高校大二学生罗某接到一条手机短信，说班级要搞同学通讯录，要求她提供个人手机、父母手机和家庭电话号码。小罗没有核对对方的身份就把这些信息告诉了对方。

6月20日上午8点，小罗接到一个陌生人的电话，说今天上午公安机关要追捕逃犯，所有139开头的手机必须全部关机，宿舍的电话线也必须拔掉，否则出了问题公安机关要追究责任。小罗不假思索就按陌生人的要求照办了。

8点20分，小罗的父亲接到一个陌生人的电话，被告知他的女儿出了车祸，5分钟后女儿的辅导员会与他联系。小罗父亲将信将疑，拨打女儿的手机和宿舍电话却怎么也打不通。5分钟后，又有一个陌生人打电话给小罗父亲，称自己是小罗的辅导员，语气焦急地说小罗已经送进了某某医院抢救，急需10万元钱，老师和同学们已经凑了4万，尚需家里汇来6万元钱，并反复告知了汇款账号。

小罗父亲在无法与女儿取得联系的情况下，向"辅导员"提供的账号上电汇了6万元钱并立即开车奔赴广州。在路上，小罗的父亲又接到"辅导员"的电话，说抢救中发现小罗伤势严重需要截肢，请再汇10万元到原账户。小罗父亲心急如焚，立即在路边找了一家银行准备再汇10万元。汇款表格做好了，小罗的父亲正准备按电脑确认键时，银行行长提醒他提防被骗，建议他到学校找到辅导员再说。小罗父亲这才没有把钱汇出去。当他焦急地赶到学校找到辅导员老师，才发现小罗正平安地在自习室里学习呢，但那6万元钱已经追不回来了。

在校期间无故被要求关闭电话一定不要轻信；家长也要加强防范意识，切勿轻信陌生人打来的要求汇款的电话，在事情发生时尽可能与学生或学生身边的人取得联系，提防走进骗子的圈套。

（2）冒充学校工作人员诈骗。

真实案例6-5

某年9—10月，河南省一无业男青年徐某，制作和佩戴假胸签，冒充高校工作人员，在几所高校对新生收取军训费，共诈骗学生人民币3000多元。

真实案例6-6

某年9月9日凌晨，正是某知名高校新生报到的第二天，兴奋了一天的新生们还在酣睡，忽然被一阵嘈杂声惊醒，只见两个教师模样的人正在收"借书证押金"，每人100元，其中"10元是工本费，90元是押金"。很快，一个寝室的同学都缴了。忽然一个学生自言自语："怎么光收钱不给证啊？"大家忙追出去询问，哪里还有"老师"的踪影！数日后，这两人在另一所高校行骗时被当场抓获，经警方查明，这两名冒充老师的骗子竟是被高校开除的学生。

这类案件通常发生在新生入学后不久。犯罪分子利用新生刚入学，人生地不熟的特点伺机作案。

（3）伪装弱者骗取同情。

真实案例6-7

某日晚，河北省某大学女生李某在学校附近的大街上被两名陌生男子拦住。其中一名男子对李某说："我们是上海某大学的学生，来石家庄旅游，带的银行卡被取款机吞了，想借一下你的银行卡，让家人把钱打到你的卡上，我们再取出来。"李某见他们态度诚恳，又觉得自己并没有什么损失，便同意将自己的银行卡借给他们。

随后，该男子借用李某的手机往"家里"打电话，让家人往李某的卡上打2万元钱。10分钟后，三人到附近的提款机处取款，钱没打到卡上。过一会儿再查询，还是没有打上。之后，该男子拿着李某的银行卡，过马路对面的公用电话亭给"家里"打电话，回来后对李某说："我的2万元钱已经打到你卡上了，但今天取不出来，明天8点30分咱们还在这里见面，我再取钱。"

说完便把银行卡还给了李某。临走时,该男子还说:"我们两个的手机都没电了,把你的手机借我们用一下,明早见面我再还给你。反正银行卡在你手里,里面还有我的2万元钱,你不用担心。"李某想,帮人帮到底吧,就把手机借给了他们。

回到学校后,李某将自己的经历告诉了室友。室友提醒他防止受骗。李某赶紧找了一个提款机查询,结果密码不对。仔细一看才发现,自己的银行卡被调包了,她拿着证件到银行去挂失并查询,发现卡里2200多元钱只剩下40余元,而手机也被骗走了。

这是一起典型的假冒大学生诈骗大学生的案件。骗子花言巧语,以遇到困难求助为借口,利用同学的善良之心、同情之举,诈骗钱财。有的同学被骗后,还以为自己是在助人为乐,希望骗子能将财物归还,但最终都石沉大海。

(4)精心设局,诱骗获利。

真实案例 6-8

一名女研究生在外出调研的途中,于郑州火车站对面的旅社认识了一个自称是开饭店的十七八岁的姑娘。两人一见如故,谈得十分投机。小姑娘邀女研究生去山东贩银元,说是来回大半天就可赚几百块钱。女研究生在好感与获利诱惑下,见对方年轻就毫无戒心地与小姑娘结伴去了郓城。她万万没想到的是自己竟被这个小姑娘以2480元的身价卖给了一个驼背的中年人为妻,失去人身自由长达71天,给身心造成了极大伤害。

很多诈骗分子得逞,正是利用了人们轻信、贪心的心态。学历程度与心态状况、社会经验不成正比,一些同学往往被诈骗分子所开的"好处"吸引,自认为用最小的代价就可以获得更大的利益,结果却"鸡飞蛋打"。特别是走出校园,街头很多骗局,如"猜扑克牌"、"象棋残局"、"拾钱均分"等,都是骗子精心设好的局,诱骗贪图小利的人上钩。骗子固然可恨,被骗者的所图所为也引人深思。

2. 防范高校诈骗案件的办法

(1)提高防骗防敲诈的意识。大学生涉世未深,容易凭主观印象或一时冲动做事,以致酿成大祸,因此要牢固树立防骗意识。

(2)遵守"停、看、听"法则。尽管诈骗花招百出,只要不存贪念,遵行"停、看、听"三大法则,受骗机会就会大大减少。

"停",就是使自己冷静下来,不要处于激动、兴奋状态。

"看",就是要看对方所讲的事物是否可信,神态是否过于夸张。

"听",就是提几个问题,听对方回答。一般而言,骗术经不起推敲,你问题越多,骗子回答的漏洞就越多。

(3)洁身自好,不图小利。一些大学生爱图便宜、迷信权贵,正中骗子的下怀。大多数的诈骗者正是利用大学生的这种心理以蝇头小利诱骗成功的。最好的防范方法就是大学生自尊自爱、不授人以柄。

二、防勒索

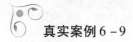

真实案例6-9

2007年3月17日,广西某地公安部门接到辖区内某高职院学生小亮及家长的报警电话,称其在学校被人敲诈勒索。小亮称,3月10日下午,某班同学小浩找到他,说其"老大"是社会上的,想认他做"小弟",如果不答应,"老大"就会"对付"他。当天下午小亮便跟着小浩来见"老大",并当场拒绝了认小弟的要求。"老大"以手头紧为由叫小亮拿200元钱给他,保证以后不再找小亮的麻烦。小亮抱着破财免灾的想法拿出了200元钱。哪知事情并未结束。3月17日早上,小浩再次找到小亮索取钱财,小亮无奈又给了他100元钱。因为生活费全被勒索光了,小亮才将此事告诉给了家长。

3月20日上午,公安机关查处了这个敲诈勒索学生钱财的7人团伙,其中以社会青年李某为首,涉及3所学校的6名在校学生。他们经常带刀到学校威胁同学交"保护费",若不从就威胁要教训对方。

1. 高校敲诈勒索案件的特点

常见的敲诈勒索方式主要有口头威胁、带条子威胁、第三者传话威胁等。无论哪一种方式,共同点都是勒索者抓住了个别同学的某些把柄或弱点,据此威胁而达到索要钱财的目的。

与防范诈骗相类似,为避免落入坏人的圈套,大学生应当遵守法纪,不做非分之举,另外还要提高自身防范意识,如在校外尽量和同学结伴而行,注意识破敲诈勒索者的圈套。

2. 防范敲诈勒索的方法

(1)受到勒索者的威胁恐吓,一不害怕、二不照做,应当敢于将遇到的事情报告给老师和相关部门。例如,可以将敲诈者的条子交给老师或家长,并在他们的陪同下到公安机关报案,由公安机关处理。

（2）摒弃破财免灾的观念。传统观念只能使敲诈勒索者更加肆无忌惮。我们应该相信正义的力量，依靠法律，勇敢地揭露阴谋，将作案人绳之以法。

（3）与敲诈勒索者巧妙周旋。一旦遇到威胁者，一定要沉着、冷静，巧妙周旋、果断寻找时机，充分利用身边的人、物寻求帮助，同时尽快和警方取得联系。只有这样才能彻底摆脱这些敲诈勒索者的控制。

第七章 网络不良信息危机应对

真实案例 7-1

成都电子科技大学职业教育学院电子商务专业2003级在校大学生宋某,利用网络技术盗窃苏州某高校大学生奖学金,近日被法院以盗窃罪依法判处有期徒刑6年,并处罚金。作为一名在校大学生,象牙塔里的天之骄子,宋某是如何一步步陷入犯罪的深渊的呢?

一次偶然催生致命诱惑

2006年三四月份,宋某在上网时登录"百度帖吧"论坛时,看到有人在论坛上发帖称:"有身份证号、银行卡号和密码,但是不知道该如何将银行卡里的钱套现出来。"并称,如果有人能将卡里的钱套出来,双方可以平分这卡里的钱。

看到这个帖子后,宋某就回帖称自己可以。因为宋某在学校里所学的就是电子商务专业,知道怎样通过网上银行、电话充值的方式将银行卡里的钱套取出来。然后,宋某就和对方通过QQ聊天,取得了银行的卡号、密码以及身份证号码。宋某得到信息后,用这个卡以给其他人手机充值的方式,将银行卡里的钱套了出来,等他得到钱后,与提供卡号信息的人分钱,第一次他得到了赃款100元。这样不费吹灰之力就得来的钱,引起了宋某极大的兴趣。此后,双方又频频通过QQ联系,多次从一些来路不明的卡里套得了现金。

上网作案时当场被抓获

2006年10月初,宋某又一次上网进行搜索,这一次他搜到一个关于苏州某高校大学生奖学金的Excel文档,上面有大约100多名大学生的相关招商银行卡信息以及个人信息。宋某当即把这个表格下载存入他的电子邮箱。他想,这么多学生的奖学金卡号的批量发放,银行肯定会使用某些有特殊规律的数字来作为卡号的原始密码。于是，宋某就进入招商银行的网站，逐一对这些银行卡进行比对、筛选，找出有密码的卡号。因为招商银行卡每日的支付额度为500元，所以对上卡之后，金额低于500元的宋某就立即处理掉，高于500元的他就把信息存储起来分批进行处理，直到将里面的现金全部套取出来。截至案发时，宋某一共盗取了该高校44名大学生的奖学金账户，其中账户金额最多的有6000余元，最少的几十元，宋某都一一将其纳入囊中。

就在宋某疯狂作案的同时，一条短信打破了苏州某高校的校园宁静。2006年10月15日上午10时41分，该校一名孙同学的手机上收到了一条招商银行的账号变动提示，提示说孙同学的招商银行卡在该日上午做了一笔网上交易，交易的金额为496元。孙同学对此感到非常奇怪，因为他最近没有在网上定购什么东西。他随即查了一下账号，发现确实有一笔金额支付，于是孙同学感觉自己的账户是被人盗用了，他立即向警方报了案。随后校园里陆续传来有同学的奖学金被盗的消息，而这些被盗的卡号都有一个共同的特征，就是被盗卡号都是校方所发的用于支付奖学金的招商银行卡，而且都是被人通过网上银行消费的方式所盗用的。这引起了校方和公安部门的重视。后经公安部门侦查，2006年11月28日，当宋某在成都某网吧上网作案时被警方当场抓获。

审判当场被告鞠躬谢罪

2007年4月29日下午1时，苏州市虎丘区人民法院一号审判法庭内，可容纳200人的旁听席上，坐满了前来旁听的苏州某高校的在校大学生。而坐在前排的从四川赶来的宋某的父亲已经是泣不成声，站在被告席上的宋某则不住地回头看自己的父亲。面对公诉人的控诉，宋某表示："对公诉的起诉没有任何异议，我认罪伏法。"同时他称："我在大学的时候虽然成绩不是很优秀，但是学校里的老师对我的评价都还很不错，这次我犯下这样的罪行主要是因为网络实在太虚幻了，要是在现实生活中我肯定不会去动这个钱的。我对不起学校，对不起父母，对不起那些受害者。"随后，他转过身来深深地向旁听席上的旁听者鞠了三个躬。

随着社会经济和科技的发展，我们已经进入了一个计算机网络时代——网上购物、网上交易、网上注册、网上报名、网上办公、网上游戏……网络已成为一种生存环境，以其丰富的信息储藏量和更新速度，为大学生获取信息、定向搜索、休闲娱乐、高效工作、优化生活、思考、奋斗提供了越来越多的便利。"水能载舟亦能覆舟"，网络的普及一方面提高了生产力、促进了社会发展，同时随着网络使用越来越广泛、网络的普及，大学生的学习行为方式、现实生活方式、思维方式、社会化方式、心理健康状态、人格结构也悄然发生了变化，在安全、管理、道德等方面给我们提出了严峻的挑战。

第一节　网络不良信息对大学生的侵害

网络在给学生生活、学习带来帮助的同时，网络不良信息也给大学生的世界观、人生观、价值观以及思想品德、行为等带来了一系列潜在的威胁。据中国互联网信息中心的一项调查显示，截至 2011 年底，中国互联网用户达 5.13 亿人。上网用户中，青少年是主体，其中 10~29 岁群体互联网使用率保持高速增长，已接近高位。学生是网民中规模最大的群体，占总数的 30.2%。青少年作为一个庞大的网络使用群体，其数量和速度都大大超出了人们的想象。在享受着网络给他们带来巨大快乐和进步的同时，一些网络的负面影响也显现了出来：道德失范、沉迷网游、网上交友不慎……都成了阻挠青少年自身发展的巨大绊脚石。

据中国青少年网络协会发布的数据显示，我国 9000 万名网民中，82% 为青少年。青少年网民更以每年翻一番的速度增长，而大学生占到其中相当大的比重。在如此庞大的大学生网民群体中，由于辨别能力较弱、易于接受网络信息等特点，给网络不良信息侵害大学生以可乘之机。通常看来，网络不良信息主要包括不良政治信息和黄、赌、毒等信息两大类。

一、不良政治信息对大学生的侵害

网络不良政治信息包括宣扬邪教、封建迷信以及反动宣传信息。这部分信息往往是一些境外敌对势力针对我们国家所传播的，带有一定的隐蔽性，严重危害着我国的国家安全和社会安定。

我国大学生的年龄一般在 18~23 岁，精力旺盛，思维敏捷，但缺乏稳定性，心理发展还不够成熟，个体情绪随个人的好恶而变化剧烈。与同龄人相比，大学生有着更为强烈的政治意识和民族责任感，但他们同时又富于幻想，理想主义色彩浓厚，常常忽视现实与理想的区别和联系；缺乏对中国历史文化的深入了解，求成心切。一旦面对社会上存在的种种落后现象和改革中的一些弊端，常常表现出情绪化的倾向，或者慷慨激昂或者悲观失望，对社会的复杂性和改革的艰巨性估计不足，很少能够做出全面的理性的分析，这样就很容易导致政治认知的偏差和政治情感的不稳定。

二、黄赌毒等信息对大学生的侵害

黄赌毒是世界性的社会痼疾。这些古老的丑恶现象在人类旷日持久的努力中屡禁而不绝，展示了其内在的复杂性和人类对其认识的局限性，成为网络环境下的一种社会病和亚文化。黄色信息，也称色情信息，它的表现形式往往是一些裸露甚至性爱的画面，内容淫秽不堪。色情信息是网络不良信息中最具危害性的内容之一，严重破坏了我国文化传统和伦理道德。

赌博源于人对金钱的贪婪，既带有强烈的竞争性、胜负的偶然性、刺激性、投机性，又具有广泛性和娱乐消遣性。以钱财物作为赌注，投机取胜、以少博多、唯胜是图是赌博的本质。赌博在表面的公平中，刺激人们的贪欲，娱乐的功能退却到无足轻重的地位。这种冒险手段煽起人们对于金钱浓厚的占有欲，成为赌者不合理愿望实现的最好方式。

曾给中国人带来"三千年未有之祸"的毒品问题是一个严重的世界政治问题。不仅能成为境外势力征服一个民族的武器，而且极有可能集人类政治遗产中最丑恶的内容，形成独裁政治和纳粹政治，从而给世界带来更大的灾难。难怪有人哀叹："人类可能不会毁于战争，但极有可能毁于毒品！"我国新的毒品问题最早发端于20世纪80年代的西部地区。

毒害信息还包括一些宣传暴力、血腥和恐怖的信息。它往往以一些非法游戏为载体，宣传一些复仇、凶杀等血淋淋的场面，内容刺激，对大学生网民有极大的吸引力，由于学生对这些毒害信息的好奇和兴趣，会促使大学生效仿而走上不归路。在网络时代，为黄赌毒成为地下规模经济、走向产业化提供了可供依附的最佳工具，黄赌毒不良信息依附于网络作为传播、实现途径，增加了其隐蔽性，因而也更容易蒙混过关。由于互联网缺乏有效的监管，致使淫秽、色情、暴力等丑恶的内容在网上屡见不鲜。处于青春萌动的学生，自制力较弱，抵御网络诱惑能力较差，从而深陷其中、不能自拔。

有研究表明，好色、嗜赌、迷恋毒品是人的消极成瘾性在作怪。在人的生命过程中，常常在心理和生理的某种尝试中产生愉悦反应；这种反应的多次重复，就形成了对愉悦刺激补偿的渴求，渴求带来刺激的不断强化，于是就形成了对这种刺激的依赖——成瘾性。成瘾性是生命的"双刃剑"，积极的成瘾性，如对科学、艺术等的迷恋，能将人类的智慧和理性推向文明的巅峰，让人类成为万物之灵；消极的成瘾性，如对黄赌毒的沉迷，则能将人性的弱点和非理性推向反文明的魔窟，让人堕落为丑恶的无耻之徒。那么如何利用这把"双刃剑"抵制不良信息对大学生的侵害呢？那就必须发挥它的积极成瘾性、抑制它的消极成瘾性，让大学生利用对网络、信息的好奇和兴趣，养成系统关注并积累某方面的知识，形成目标，采取实际行动，进行操作实践，做出有意义的成果。

三、网上交友不慎的惨痛教训

真实案例7-2

24岁的晓莹（化名）在工作之余上网聊天，不久在网上认识一个叫"帅"的男孩，热情洋溢的文字、含情脉脉的话语令晓莹心动。一天，晓莹应"帅"的盛情邀请来到他的工作室，还没说上几句话，"帅"便兽性大发……最终，"帅"受到了法律制裁，但晓莹内心留下了难以愈合的创伤。

真实案例7-3

长江大学一女生在网上聊天时认识一个网友，两人见过几次面后，该网友自称是同校大二的学生，家住武汉市，父亲是某局局长，家庭条件很好，并以各种理由向这位女生借钱，后来，这个网友无影无踪。学校保卫处接到报案后立即开展调查，最后将犯罪嫌疑人抓获。经审查，这名22岁男子，编造假名、假身份上网聊天，骗得网友信任后，以各种理由借钱，每次骗完一个网友后，立即改名。他以同样的手段骗了4名女大学生。

作为"第四"媒体的网络，为人们学习知识、获取信息、交流思想、休闲娱乐提供了一个多姿多彩的平台。然而，随着上网成为时尚，犯罪分子也逐渐把目光转向互联网，因为网络犯罪隐蔽性更强，迷惑性更高。因此上网时一定要树立自我保护意识，不要把自己的姓名、家庭住址、电话号码等有关身份的信息轻易在聊天室或公共讨论区透露，也不要上网发布自己的照片。对那些没完没了、套你信息的聊天者和要求见面的网友需要慎之又慎。同时又特别提醒女孩子，网络本身是一个虚拟世界，虚拟世界中的"白马王子"未必就是现实生活中的正人君子，见网友一定要慎重，不要轻易成为犯罪分子的猎物，为自己带来永久的伤害。

当代大学生情感已由情绪型向理智型转变，多数同学以自我为中心，由于自我意识的发展及远离家乡和亲人的现状，又使得与人交往的愿望变得更加强烈，上网聊天、交朋友便成为释放情感的一条渠道。而使用互联网的人中，鱼龙混杂，不像学生上网的动机只是聊天交友那么单纯。据公安机关资料统计，因上网交友不慎，导致被骗、被杀的案件呈逐年上升的趋势。因此提醒大学生，提高警惕，如发现被骗，及时报案。

第二节　预防网络不良信息的侵害

学生网民正处在世界观、人生观和价值观形成的重要时期，容易受到网络低俗内容等有害信息的影响和侵蚀。为了保护青少年学生的精神净土，应彻底抵御网上不良信息，加强对学生的网络安全教育，掌握上网的安全策略。

一、大学生抵御网上不良信息侵害的方法

1. 加强对网络信息的辨别能力

加强对网络信息的辨别能力，避免网络不良信息对大学生的侵害，主要方法如下。

（1）安装"网络防火墙"、"净网先锋"等比较成熟的网络软件。

（2）对 IE 浏览器进行分级审查设置。

（3）学会使用"3721 网络助手"等工具软件。

（4）浏览网页时，不要去点击广告窗口。

（5）坚信"天下没有免费的午餐"，对于网络中"送大礼"、"点击挣美元"等诱惑要保持清醒的头脑，不上当、不点击。

（6）在打开网站时，自动弹开的一些广告窗口，应及时关闭。做到上述要求，可以有效抵御一些不良信息的侵扰。

2. 记住对自己有帮助的常用网址

大学生利用自己的电脑上网时，可以利用收藏夹便捷地收藏对自己有帮助的一些网址；大学生在网吧上网时，可以利用邮箱记录对自己有帮助的网址，以便在下次能方便快捷地查找到这些网页；同时，辅导员教师可以组织学生开展一次以网址为主题的班会，让学生了解哪些网址对学习、工作比较有益，讨论这些网址都有哪些方面的信息，如何利用这些信息等，通过讨论帮助学生搜索、鉴别，引导学生关注那些健康、积极、帮助学生成长成才的网址，大学生可以为自己制作一份上网浏览计划书，将一些较为著名的大型门户网站，如搜狐、中华网、新浪等对自己有帮助的绿色网站作为浏览首选。

3. 利用可以信赖的搜索引擎

利用有效的搜索引擎可以有效地搜索到需求信息，达到事倍功半之效，

因此，大学生一定要掌握一些常用的搜索引擎。目前，百度和谷歌是搜索功能较强的两大引擎，利用各种搜索引擎找到未知网址的信息相当容易，利用浏览器的历史记忆功能可以在公用电脑上找到以前阅览过的信息，还可以利用 RSS 订阅或 IE 的收藏同步功能让新信息自动出现。

4. 不安装不成熟的软件

有些网络不良信息会附带在某些软件上，只要安装了此种软件，在使用时便会出现大量的不良信息，大学生必须警惕此类不良软件，对一些不成熟的、存在风险的软件建议不要安装，以免夹杂病毒危害电脑系统。上网注册填信息时，尽量不要公布自己的电话、单位、邮箱等私密信息，避免垃圾邮件、垃圾短信等不良信息的侵扰。

近年来，发现多起通过学生电话对其家长进行诈骗的案件，为了减少家长上当受骗，大学生在登记自己的个人信息时应特别谨慎。有些单位和个人以开展调查问卷、有奖办理银行卡等电子卡片、销售回访等为由，登记顾客个人信息，并将顾客个人信息如工作单位、职业、手机、家庭电话等贩卖给发布消息的单位和个人，给不法人员以可乘之机，或者对学生家长进行欺诈，或者给学生发布不良信息，给大学生造成极大的阴影。

二、大学生上网的安全策略

目前，大学生安全上网可以采取的措施方法较多，对于控制浏览内容的技术也不少，成熟而易于推广应用的是内容分级审查系统，因为从 Windows 98 开始，微软就在操作系统中实现了内容分级审查系统程序，要设置应用就可以拥有一个相对安全的网络空间。除此之外，给大学生推荐以下几种上网的安全策略。

1. 正确对待网络游戏

计算机是一种学习和工作的工具，也是一种娱乐工具。目前学生对计算机网络的兴趣往往不是来源于计算机网络丰富的学习资源，而是来源于对网络游戏的热衷。因此如何引导学生正确对待网络游戏，引发正确的学习动机就显得十分重要。我们要教育学生，现在还处于学习知识的重要阶段，应把计算机作为一种帮助我们学习的工具，而不是作为高级的游戏机。可以鼓励那些喜欢玩游戏的同学，如果你想自己编出更好玩、更有趣的游戏软件，现在开始就要努力学习计算机知识，将来努力成为一个出色的软件设计师。

2. 合理取舍网络信息

在青少年阶段，主要是学习信息处理方法，培养交流能力和对社会的适应能力，培养信息素养。通过互联网络，大学生可以学习如何检索、核对、判断、选择和处理信息，以达到对信息的有效利用。但是，如果放任他们在网络世界中驰骋，缺乏正确的引导，他们就会在网络中"迷航"，其危害不亚于网络游戏。因此，教师要引导学生善于运用网络资源，并教会他们如何分辨其中有害的信息。

3. 网上交友须谨慎

现在网上聊天交友已成为青少年的一种时尚。但是，有些学生因迷恋上网影响正常的学习，学习成绩下降；有的学生沉溺于虚拟的网络交往，影响了现实生活中与父母、老师、同学的交流；有的甚至陷于不切实际的网恋而不能自拔。因此，引导学生正确处理看待网络，正确处理虚拟和现实的关系，是网络道德教育急需关注的内容。

4. 努力规范网络行为

由于学生处在全新的网络信息时代，信息的交流及对事物处理和评价的方法、模式等都发生了巨大的变化，原有的道德准则和规范已经不足以约束学生的网络行为。因此，经常会发现学生在网络上的"不正常"行为。对于这些"不正常"行为，我们要认识到它的潜在危害，尽早建立网络环境中的行为道德规范，帮助广大学生增强网络法制和网络伦理道德观念，提高是非分辨能力，使其网上的行为符合法律法规和社会公德的要求。

5. 增强自控能力，加强自我保护和约束

大学生要慎重选择上网场所、上网时间、浏览网页的内容，选择那些通风环境较好、管理规范的网吧，必要时可以采取限时措施，每次上网1～2小时，坚决抵制不良网站的侵袭。上网时要保持高度警觉，不要理会陌生人的搭讪，谢绝不良人员的盛情邀请，回避陌生人的无理要求，躲避恶意网站、不良网络游戏、黑网吧，"黑客"教唆陷阱、邪教陷阱、网恋陷阱、淫秽色情陷阱等不良网站，防止遭受非法侵害。特别是一些熟知计算机操作的学生，在利用电脑时，力戒利用计算机进行违法活动的心理。

6. 对于个人电脑，建议定期使用正版防病毒软件杀毒检测并且及时将其升级更新，防止"黑客"程序侵入你的电脑系统。

如果使用数字用户专线或是电缆调制解调器连接因特网，就要安装防火墙软件，监视数据流动。要尽量选用最先进的防火墙软件。不要按常规思维设置网络密码，要使用由数字、字母和汉字混排而成的、令"黑客"难以破译的口令密码。另外，要经常性地变换自己的口令密码。对不同的网站和程序，要使用不同的口令密码，不要图省事使用统一密码，以防止被"黑客"破译后产生"多米诺骨牌"效应。对来路不明的电子邮件、亲友电子邮件的附件或邮件列表要保持警惕，不要一收到就马上打开。要首先用杀病毒软件查杀，确定无病毒和"黑客"程序后再打开。要尽量使用最新版本的互联网浏览器软件、电子邮件软件和其他相关软件。下载软件要去声誉好的专业网站，既安全又能保证较快速度，不要去资质不清楚的网站。不要轻易给别人的网站留下你的电子身份资料，不要允许电子商务企业随意存储你的信用卡资料。只向有安全保证的网站发送个人信用卡资料，注意寻找浏览器底部显示的挂锁图标或钥匙图标。要注意确认你要去的网站地址，注意输入的字母和标点符号的绝对正确，防止误入网上歧途，落入网络陷阱。不要自己制作或试验病毒，重创世界计算机界的 CIH 病毒，据说是一个台湾大学生制作的，它给全世界带来了电子灾难。

7. 注意防止盗窃计算机案件

在高校经常会发生此类案件，小偷趁学生疏忽、节假日外出、夜晚睡觉不关房门或外出不锁门等机会，偷盗台式电脑、笔记本电脑或掌上电脑，或者偷拆走电脑的 CPU、硬盘、内存条等部件，给学生造成学习困难和经济损失。注意防止火灾、水害、雷电、灰尘、强磁场、摔砸撞击等自然或人为的因素对计算机造成的危害，要注意保证计算机运行环境和辅助保障系统的可靠性、安全性。养成文件备份的好习惯。首先是系统软件的备份，重要的软件要多备份并进行写保护，有了系统软件备份就能迅速恢复被病毒破坏或误操作破坏的系统。其次是重要数据备份，不要以为硬盘是永不消失的保险数据库。某高校一位研究生把毕业论文存储在笔记本电脑里，没有打印和备份，后来该笔记本电脑丢失，令他十分痛苦，几个月的心血白费了。另外，病毒也会破坏硬盘或数据。有条件的学生可以给电脑买个保险，据《中国经济时报》报道，中国人民保险公司开始在全国范围内推广计算机保险。此险种包括计算机硬件损失保险、数据复制费用保险和增加费用险（设备租赁费用险）等，主要承保火灾、爆炸、水管爆裂、雷击、台风、盗抢等导致的硬件损失，数据复制费用和临时租赁费用。对于风险较难以控制的病毒，"黑客"侵害和计算机 2000 年问题，则列入责任免除条款。

8. 要树立计算机安全观念，心理上要设防

网络虽好，可是安全问题丛生，网络陷阱密布，"黑客"伺机作案，病毒层出不穷，秩序不是很好，你要特别小心。不要以为我是高手我怕谁，须知天外有天，网上杀手多如牛毛，弄不好你就被人"杀了"。

第三节　预防网络违法犯罪

网络犯罪，是指利用计算机、网络技术等信息技术或其特征，危害计算机、网络和数据安全，危害社会信息安全及社会危害性严重的行为。网络犯罪和计算机犯罪两者之间存在一定的区别和联系。计算机犯罪是一个国际上普遍使用的惯用词，从字面上看，似乎是计算机作为犯罪主体而实施的犯罪。其实不然，计算机仅仅是犯罪的对象或工具，只有犯罪嫌疑人才能利用计算机或针对计算机资产实施犯罪行为，因此，计算机犯罪的主体只能是行为人。

计算机犯罪是从20世纪40年代以来出现的一种新的犯罪形式，随着信息科技尤其是国际互联网的发展进步与广泛应用，其内涵和外延也在不断深化和发展。计算机犯罪并非刑法规范意义上的一个或一类罪名，它和"青少年犯罪"、"毒品犯罪"、"暴力犯罪"、"性犯罪"等术语一样，都是依据犯罪学研究的特点进行归类划分的犯罪学上的犯罪类型。在我国刑法上并不存在"计算机犯罪"这一典型罪名概念。我国公安部计算机管理监察司提出的定义是："以计算机为工具或以计算机资产为对象实施的犯罪行为。"并进一步解释说："这里所说的工具是指计算机信息系统（包括大、中、小、微型系统）。也包括在犯罪进程中计算机技术知识所起的作用和非技术知识的犯罪行为。"

一、上网应当承担的法律责任和应遵守的道德规范

1991—1999年1月间，我国颁布有关计算机和网络的法律法规有23个，涉及计算机软件保护及著作权登记、计算机信息系统安全保护、计算机信息网络国际联网管理、计算机工程、电信设备进网管理、中国互联网络域名注册管理、中国公众媒体通信管理、计算机信息系统保密、软件产品管理、金融机构计算机信息系统安全等诸多方面。

1999—2007年，我国颁布的有关法律法规有22个涉及互联网视听节目服务管理、电子邮件服务管理、药品交易服务审批、新闻信息服务管理、非经营性互联网信息服务备案管理、互联网IP地址备案管理、网络域名管理、药品信息服务管理、互联网文化管理、互联网上网服务营业场所管理、计算机病毒防治管理办法以及全国人大常委会关于维护互联网安全的决定等方面。其中和公民个人有较直接关系的法律法规如下。

（1）计算机软件保护条例（1991年6月4日国务院发布）。

（2）中华人民共和国计算机信息系统安全保护条例（1994年2月8日国

务院发布)。

(3) 中华人民共和国计算机信息网络国际联网管理暂行规定（1996年2月1日国务院发布，根据1997年5月20日《国务院关于修改〈中华人民共和国计算机信息网络国际联网管理暂行规定〉的决定》修正）。

(4) 中国公用计算机互联网国际联网管理规定（1996年4月9日邮电部发布）。

(5) 计算机信息网络国际联网安全保护管理办法（1997年12月16日公安部发布）。

(6) 中华人民共和国计算机信息网络国际联网管理暂行规定实施办法（1998年2月13日国务院信息化工作领导小组发布）。

(7) 计算机信息系统保密管理暂行规定（1998年2月26日国家保密局发布）。据初步统计，分散在上述法律法规中的涉及公民个人的禁止性规定及法律责任规定有16条22款。在中国法律管辖的范围内，所有利用计算机信息系统及互联网从事活动的组织和个人，都不得进行相关的违法犯罪活动，否则，必将受到法律制裁。

我国网络信息安全立法模式，基本上属于"渗透型"，国家未制定统一的信息网络安全法，而是将涉及网络信息安全的法律规范渗透、融入相关法律、行政法规、部门规章和地方法规中，初步形成了由不同法律效力层构成的网络信息安全法律规范体系。比如在《计算机信息网络国际联网安全保护办法》第四条、第五条、第六条、第七条中规定对单位和个人在国际互联网安全方面的责任和义务。

以下法条援引。

第四条 任何单位和个人不得利用国际联网危害国家安全、泄露国家秘密，不得侵犯国家的、社会的、集体的利益和公民的合法权益，不得从事违法犯罪的活动。

第五条 任何单位和个人不得利用国际联网制作、复制、查阅和传播下列信息。

(1) 煽动抗拒、破坏宪法和法律、行政法规实施的。

(2) 煽动颠覆国家政权，推翻社会主义制度的。

(3) 煽动分裂国家、破坏国家统一的。

(4) 煽动民族仇恨、民族歧视，破坏民族团结的。

(5) 捏造或者歪曲事实，散布谣言，扰乱社会秩序的。

(6) 宣扬封建迷信、淫秽、色情、赌博、暴力、凶杀、恐怖、教唆犯罪的。

(7) 公然侮辱他人或者捏造事实诽谤他人的。
(8) 损害国家机关信誉的。
(9) 其他违反宪法和法律、行政法规的。

第六条　任何单位和个人不得从事下列危害计算机信息网络安全的活动。

(1) 未经允许，进入计算机信息网络或者使用计算机信息网络资源的。

(2) 未经允许，对计算机信息网络功能进行删除、修改或者增加的。

(3) 未经允许，对计算机信息网络中存储、自理或者传输的数据和应用程序进行删除、修改或者增加的。

(4) 故意制作、传播计算机病毒等破坏程序的。

(5) 其他危害计算机信息网络安全的。

第七条　用户的通信自由和通信秘密受法律保护。任何单位和个人不得违反法律规定，利用国际联网侵犯用户的通信自由和通信秘密。

援引自《计算机信息网络国际联网安全保护办法》

二、计算机使用中的违法行为

计算机违法犯罪所具有的高智能性、高隐蔽性等特点，对计算机专业人员和青少年具有诱惑性。据统计，当今世界上发生的计算机犯罪案件，70%~80%是计算机行家所为。从我国的情况看，在作案者中，计算机工作人员也占70%以上。计算机违法犯罪趋向于知识化、年轻化。国外已经发现的计算机犯罪案件中，罪犯年龄在18~40岁的占80%左右，平均年龄只有23岁。可以说，青少年是计算机违法犯罪的高危人群，大学生正处于青年阶段，更应该特别注意预防涉及计算机的违法犯罪心理。计算机违法主要由以下几种心理驱使。

(1) 好奇和尝试心理。学会了使用计算机，就想练练手，想试试自己能否破解别人设置的密码，从此一发而不可收。

(2) 畸形智力游戏心理。自恃身怀计算机绝技，把网络当成施展高智商的天地，解密攻关成瘾，专门挑战军事部门、政府机关，搞非法揭秘活动。

(3) 恶作剧心理。缺乏社会责任感和自我约束能力，法纪观念淡薄，拿别人开电子玩笑，给别人制造电子麻烦，捉弄人。

(4) 侥幸心理。认为利用电脑干违法的事只是一瞬间，留不下什么痕迹证据，认为执法机关精通计算机的人不多，未必能侦查破案。

(5) 图财牟利心理。据美国的一项研究表明，促使犯罪者实施计算机犯罪的最有影响力的因素是个人财产上的获利，其次是进行犯罪活动的智力挑战。

（6）报复心理。因为与人有矛盾纠纷或感到遭受不公正的待遇等情况，实行电子报复。

（7）网络偏执狂（网狂）。美国一项最新的网络调查结果表明，每周上网时间超过5小时的网民就已经成为轻度"网狂"，他们与别人面对面的交流减少，迷恋虚拟世界里的匿名交流，像吸毒一样上瘾，无法自拔。其本质上是逃避现实生活中应承担的人际关系责任，而匿名进行网络聊天不需要对其他匿名者承担任何责任。

（8）互联网综合征。我国台湾地区有的大学生上网成瘾，"珍惜"上网的分分秒秒，连上厕所都舍不得离开电脑，特意买了许多纸尿裤备用。另据《中国青年报》报道，上海某大一学生，一段时间以来，每天早上8点进机房，晚上9点才出来，沉醉于虚拟世界，产生了网络心理障碍。

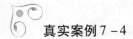

真实案例7-4

网络虚拟财产同样不容侵犯

由于网络犯罪和虚拟财产的特殊性，大多网络游戏用户面对被盗都是自认倒霉，因为目前对虚拟财产保护的法律法规几乎处于空白状态，鲜有这类案子进入司法处理程序。现年21岁的王某是永嘉人，原为永嘉县瓯北镇某网吧的收银员，因为工作上的便利，她有机会接触到该网吧的游戏充值账号。某年6月份的一天，她在电脑上破译了该游戏充值账号的密码。7月3日，王某利用该账号到其他网吧中，往一个朋友的"刀剑"账户上充值刀剑10笔，金额300元。见没有被人发现，三天后她又换了个网吧往自己的账号上充值360元；7月10日，又在另一网吧充值"热血传奇"一笔140元……

就这样，从7月3日至7月19日，王某在瓯北镇多个网吧中非法盗用某网吧游戏充值账号，金额共计3710元。8月2日，某网吧的老板见游戏账户充值的销售额与成本对比不正常，经过查询销售记录，发现7月份有人多次盗用账号进行非法充值。8月8日，他向永嘉县公安局报了案。警方经排查，当天就传唤了王某。在事实面前，王某如实供述了自己的犯罪事实。

检察机关审理后，认为王某实施的盗窃对象虽是网络游戏中存在的虚拟财产，但网络游戏中的玩家想拥有网络虚拟财产，必须以支付人民币的形式向销售商购买获得，故当虚拟中的物品可以与现实货币相互交换时，已具有现实的财产属性，属于盗窃罪的指控对象，且盗窃数额达到定罪标准，因此符合盗窃罪的构成要件，最后就以盗窃罪向当地法院提起了公诉。

摘自《温州都市报》

三、上网应恪守的道德规范

大学生上网应遵守的道德规范大致可分为强制性的法律法规和自觉性的道德。

1. 大学生上网应遵守的强制性法律法规

(1) 遵守《中华人民共和国计算机信息系统安全保护条例》，禁止侵犯计算机软件著作权。

(2) 任何组织或者个人，不得利用计算机信息系统从事危害国家利益、集体利益和公民合法利益的活动，不得危害计算机信息系统的安全。

(3) 计算机信息网络直接进行国际联网，必须使用邮电部国家公用电信网络提供的国际出入口信道。任何单位和个人不得自行建立或者使用其他信道进行国际联网。

(4) 从事国际联网业务的单位和个人，应当遵守国家有关法律、行政法规，严格执行安全保密制度，不得利用国际互联网从事危害国家安全、泄露国家秘密等违法犯罪活动，不得制作、查阅、复制和传播妨碍社会治安的信息和淫秽色情等信息。

(5) 任何组织或个人，不得利用计算机国际联网从事危害国家安全、泄露国家秘密等犯罪活动；不得利用计算机国际联网查阅、复制、制造和传播危害国家安全、妨碍社会治安和淫秽色情的信息。发现上述违法犯罪行为和有害信息，应及时向有关主管机关报告。

(6) 任何组织或个人，不得利用计算机国际联网从事危害他人信息系统和网络安全，侵犯他人合法权益的活动。

(7) 国际联网用户应当服从接入单位的管理，遵守用户守则；不得擅自进入未经许可的计算机系统，篡改他人信息；不得在网络上散发恶意信息，冒用他人名义发出信息，侵犯他人合法权益的活动。

(8) 任何单位和个人发现计算机信息系统泄密后，应及时采取补救措施，并按有关规定及时向上级报告。

2. 大学生上网应自觉遵守的道德规范

(1) 正确使用网络工具。要遵守网络法规；遵守职业道德；尊重民族感情；遵守国际网络道德公约。包括：不涉足不良网站；不浏览不良的内容；不用计算机去伤害他人；不干扰别人的计算机工作；不窥探别人的文件；不用计算机进行偷窃；不用计算机作伪证；不使用或复制没有付钱的软件；未经许可不使用别人的计算机资源；不当黑客；不利用网络偷窥他人隐私；不对英雄人物和红色经典作品恶搞；不修改任何网络系统文件；不无端破坏任何系统，尤其不要破坏别人的文件或数据；不在网上发布虚假信息，实施坑、蒙、拐、骗、敲诈勒索等行为。

（2）进行健康网络交往。网络已成为一种人际交往的媒介和工具。人们可以通过网络收发邮件、实时聊天、视频会议、网上留言、网上交友等。网络交往要做到诚实无欺，不应该通过网络进行色情、赌博活动，更不能在BBS或论坛上侮辱、诽谤他人。应通过网络开展健康有益的交往活动，在网络交往中树立自我保护意识，不要轻易相信、约会网友，避免受骗上当。

（3）自觉避免沉迷于网络。适度的上网对学习和生活是有益的，但长时间沉迷于网络对人的身心健康有极大损害。现实中存在着一些人上网成瘾，沉迷于网络而不能自拔，进而导致耽误学业，甚至放弃学业或家庭破裂的现象。值得人们警惕的是，沉迷于网络尤其是游戏已成为近年来青少年刑事犯罪率升高的重要原因之一。人们应当从自己的身心健康发展出发，学会理性对待网络。

（4）养成网络自律精神。网络的虚拟性以及行为主体的匿名隐蔽特点，大大削弱了社会舆论的监督作用，使得道德规范所具有的外在压力的效用明显降低。在这种情况下，个体的道德自律成了维护网络道德规范的基本保障。"慎独"是一种道德境界，信息时代十分需要，在网络生活中培养自律精神，在缺少外在监督的网络空间里，自觉做到自律而"不逾矩"。

四、利用网络侵犯财产的违法犯罪及预防

1. 利用网络侵犯财产的违法犯罪的主要形式

（1）从具体领域看，利用网络侵犯财产的违法犯罪的主要有三种形式。

第一，电子商务领域内的侵犯财产行为。电子商务随着计算机及计算机网络的迅速发展而出现，这种方式与传统商务相比有着诸多优越性，因此一经出现就得到迅速的发展。然而，由于计算机网络本身的脆弱性，使电子商务领域也出现了计算机犯罪的活动，并且逐步威胁着电子商务的发展。可以将表现形式各异的电子商务危害行为分为针对商务信息系统的危害行为和以电子商务交易方式为犯罪工具的危害行为两个基本类型。前者是以电子商务交易中所涉及的相关信息为攻击对象，后者以电子商务交易方式的新颖性为掩护工具，以正常交易秩序为攻击对象。其中在以电子商务交易中所涉及的相关信息作为攻击对象的危害行为中，涉及侵犯财产的行为主要有盗窃、欺诈和破坏三个方面。

第二，网络游戏中的侵犯财产行为。在网络游戏中，侵犯游戏中虚拟财

产的网络违法犯罪行为，已日益成为一种严重危害社会治安并引发社会一系列不安定因素的违法犯罪类型，已受到社会的普遍重视。在国外一些游戏盛行的国家，已成立了专门的部门来侦查对付此事件。例如在我国台湾地区已成立专门的警察小组负责此类事件，并建立了完整的网络游戏违法犯罪案件报案立案机制。

第三，"网络虚拟财产"受到侵犯，"网络虚拟财产"定义为在网络环境下通过个人劳动、真实的财物付出和市场交易等手段获得的具有价值，并可以通过一定的手段体现其使用价值的电磁记录数据和服务。不仅可以表现为网民、游戏玩家在网络游戏中的账号及积累的"货币"、"装备"、"宠物"等"财产"，还应该包括号码、账号、收费邮箱账号等。

（2）从利用网络侵犯财产的违法犯罪的手段和目的看，主要有三种形式。

第一，网络诈骗。是指以非法占有为目的，利用互联网采用虚拟事实或者隐瞒事实真相的方法，骗取数额较大的公私财物的行为。

第二，网络盗窃，计算机网络盗窃是指以非法占有他人财物为目的，利用网络作为手段或工具秘密窃取他人财物的行为。包括利用黑客手段盗取他人账号进而盗取他人财物的行为，如盗取银行存款、股票账号，网络银行账号，网络信用卡账号等。

第三，网络破坏行为，通常是作为其他网络侵害行为的工具或结果行为存在，它并不要求以自己获取经济利益为目的，并不将他人的电子资金财产占为己有，而是通过非法侵入计算机系统，擅自窥探、破坏电子数据，使正常的系统运行秩序、电子商务交易秩序被破坏。这类行为是网络安全的头号公敌，严重的计算机系统入侵行为，对国家重大军事、政治资料、商业秘密形成巨大威胁，在电子商务领域对网络交易的安全和人们对网络交易的信心造成极大的破坏。

2. 预防网络侵犯财产违法犯罪的原则

为了预防大学生产生网络侵犯财产违法犯罪行为，应对其加强相关法律法规知识的宣传教育，坚持依法办事，依法治理。继《刑法》之后，我国在第九届全国人民代表大会常务委员会第十九次会议通过《全国人民代表大会网络财产犯罪研究会常务委员会关于维护互联网安全的决定》，基本涵盖了目前在互联网上出现的所有犯罪行为，其中对侵害个人、法人和其他组织的财产权利的犯罪行为，已经有了明确的规定。除了继续严惩非法侵入、破坏计算机网络系统的行为外，加强了对互联网的运行安全和信息财产安全的刑法保护。

第八章 就业安全危机应对

真实案例 8-1

王俊是江苏某药科大学镇江校区的在读学生。某日,江苏药校为组织毕业生实习,与常州药业股份有限公司下属健民制药厂联系后,将王俊等学生送至该厂实习。王俊进厂后,该厂即将其分派到实习岗位并安排了相应指导的工人师傅。同年12月10日,王俊随新品研究所的工人师傅王某进行试制浓缩六味地黄丸的搅拌和制丸。下午2时45分左右,第三次的拌料过程结束,关闭槽形混合机取出药料后,带班师傅王某进入隔壁制丸间,留下王俊一人清洁该混合机中剩余底料。就在这时,意想不到的事发生了。在清洁混合机内部剩余底料的过程中,王俊启动了该混合机,其左手突然被卷入混合机,王俊随即被送往常州市第一人民医院。

医院经检查发现,王俊左手损伤严重,需立即住院治疗。医院多次组织专家会诊,但终因王俊的伤情过重,医生最终为其进行了左手食指、中指及第二掌骨的切除术。经镇江市公安局进行伤残程度鉴定,确认王俊的损伤构成8级伤残。

近年来,大学生在求职就业过程中发生的纠纷、案件频见报端,就业安全越来越受到关注。一些大学生求职被骗、财产受损、证件被迫抵押;一些大学生对用人单位提出的苛刻条件无原则接受、委曲求全;一些大学生在实习期间没有遵守劳动纪律,违反有关规定,不仅给自己带来了人身伤害,有的还触犯了法律……大学生要成长为对社会有用的人才,就要掌握必要的就业安全知识。

第一节 实习与兼职打工期间的安全

目前,高校普遍设置了毕业前的顶岗实习环节,目的在于帮助学生适应真实的工作情境，为就业奠定基础。在校大学生也热衷于兼职打工，既可以熟悉社会又可以获得一定的报酬。这些走出校门、走向社会的行为应当得到鼓励，但是由于大学生经验少、防范意识差，在实习与兼职打工期间也遇到了许多安全问题。

一、防范实习期间的安全危机

顶岗实习已成为高校各个专业必不可少的教学环节。在这个过程中，很多大学生放松了对自己的要求，认为学习生活即将结束，多姿多彩的社会生活已经到来。其实在高校学生管理实践中，每一届毕业生的实习期都是辅导员老师最紧张的时刻。这个时期要考验学生在校是否学到了真本事，还有很多与专业知识无关的考验在等待着同学们。

1. 预防职业危害

顶岗实习期间，大学生应提高安全意识，严格遵守实习单位的各种安全操作规程，积极向专家、管理人员或老同志请教，不仅要提高专业技能，还要杜绝劳动安全事故的发生。

2. 努力提高专业素养

真实案例 8-2

广东省某医学院的学生李某，在省中医院实习期间参与了一名消化道大出血病人的抢救工作。他急匆匆地为年老体弱的病人输液。药物为需慢滴的氨茶碱，他却采用了每分钟50多滴的滴速。幸亏巡查医生及时发现并予以纠正，否则将导致医疗事故。

需要注意的是，实习期间大学生可能从事不同行业的工作，还有的学生从事的工作与所学专业不对口。不论怎样，都要尽快熟悉所从事的职业岗位的特点，努力把自己塑造成合格的从业人员。例如公安类专业的学生，在实习期间有可能接触在押犯人或犯罪嫌疑人，如果仅将自己视为干完半年就走人的实习生，所以不用负责，就很可能出现执法犯法的行为。

3. 注意实习期间的生活安全

大学生在顶岗实习期间，往往会在实习单位、学校、家之间多次往返，一定要注意保管好财物和旅途安全。另外，在实习单位工作期间，由于对人员不熟悉，就更要注意保管好自己的钱物。

4. 慎重签署劳动用工合同

在顶岗实习之前，大学生与实习单位应本着平等自愿、协商一致的原则签署劳动用工合同，明确、细致、全面地约定双方的责、权、利，预防发生劳动争议。

二、防范兼职打工期间的安全危机

根据有关部门的统计，58%的大学生有过打工经历，时间主要集中在寒暑假。而其中近40%的同学反映，在兼职过程中自身权益受到损害，主要表现为少付工资、中介不兑现承诺及人身伤害等。绝大部分学生没有自我保护意识，只有6%的学生表示，兼职打工时认真考虑了安全问题。为保障学生的切身利益，我们需要注意以下事项。

1. 防止非法中介的诈骗

通过中介机构找兼职工作，应当避免找小中介。对不熟悉的中介公司，可以注意查看其是否有劳动部门颁发的《职业介绍许可证》，也可以上网查询，了解其经营范围是否与执照（正本）相符。

2. 不轻易交纳任何押金或抵押证件

当用工单位以管理为名收缴押金或保证金时，一定要谨慎。如果确实要交，应将费用的性质、返还时间等内容明确写入劳动协议，以免日后被单位以各种名义扣留。当被要求抵押证件时，一定要拒绝，谨防证件流失到不法分子手中，成为非法活动的工具。证件复印件的使用也要谨慎，在递交时应在复印件空白处注明使用目的，约定使用完归还的期限。

3. 防止陷入传销陷阱

在应聘销售、市场推广等岗位时一定要警惕陷入传销公司的圈套。有的学生在高额回扣的诱惑下，不惜欺骗亲属、老师和同学，不知不觉走上犯罪道路，身心受到巨大伤害。

4. 不到娱乐场所和高危岗位工作

为保障人身安全，大学生找兼职工作一定要避开酒吧、KTV等娱乐场所，以防接触复杂环境造成安全隐患。另外，有些工作危险系数高、劳动强度大，如建筑工地、机械零件加工等，学生容易疲劳，也容易发生意外。如果因为兼职打工而影响完成学业，得不偿失。

5. 必须签订劳务协议

在兼职打工开始前，大学生就应当在学校的勤工助学中心登记，更要与用工单位签订劳动协议。协议书中应明确权责，对工资额度、发放时间、劳动安全等关系到学生切身利益的内容一定要详细说明。如果发生纠纷，大学生可以凭此维权。

6. 防止网络欺诈

有些小公司在网上发布信息，要求应聘者通过电子邮件的方式工作，如翻译、文学创作等。然而当学生将作品发过去之后，却被告知不予采用。这类案件很难取证，因此要慎防。

第二节　防范求职安全危机

高等教育大众化，使得越来越多的大学生毕业后进入劳动力市场自主择业。然而由于劳动力市场还不够规范，学校就业指导工作又鞭长莫及，学生求职心切、自我防范意识不强，以及社会不法分子乘虚而入等多种原因，都使得大学生的就业求职过程充满了安全隐患。

一、警惕不法中介

求助于职业中介机构已成为大学生求职的途径之一。中介一般提供有偿服务，求职者都需先交一笔服务费。但目前中介机构鱼龙混杂，一些非法中介为了骗取钱财，绞尽脑汁设计圈套，引诱涉世未深的大学生上钩。例如，一些不法中介的工作人员穿梭于各类招聘会场，向大学生许以美好前程的空头支票，一旦中介费到手，就会以各种名目推搪或者介绍名不副实的工作。

选择职业中介机构要做以下内容。

（1）验看《职业介绍许可证》和《营业执照》是否齐全，是否持证持照经营。

（2）查看并确认收费项目和标准。

（3）订立书面协议，明确双方的权利义务。

（4）谨慎对待职介机构的口头承诺，要求其将口头承诺写进书面合同。

（5）缴费后，必须索取有效发票。

二、慎签就业协议与劳动合同

由于在求职中的相对弱势地位，不少毕业生求职时顾虑重重，对用工单位试用期不签订合同的做法不敢深究，即使对就业协议中的个别条款有异议，也不敢提出。有调查显示,虽然超过80%的毕业生认为有必要签订就业协议,但其中仅5.4%的毕业生认为自己"非常了解"就业协议的内容和作用,80%以上的毕业生"了解一部分",还有12.6%的毕业生则"完全不了解"。作为就业协议一方的签约主体,毕业生对就业协议的内容、作用和相应的法律后果尚缺乏深刻认识。

真实案例 8-3

在一次人才招聘会上,大学生小许将自己的简历投给了一家房地产公司。该公司一位副总经理在与小许交谈后表示对他很满意,希望能当场签订合同。对方承诺,上班后有住房,月薪在3000元以上。一听对方开出的条件,小许当即表示同意。当对方将一份早已打印好的合同递给小许时,兴奋激动的他草草浏览了一下:合同格式很规范,条文也很专业,双方的权利、义务似乎也规定得很清楚。几乎是不假思索,小许在合同上签下了自己的姓名。

进了公司后,小许才知道所谓"经理助理"就是"销售员",工资实行"上不封顶下不保底"的政策,与销售额直接挂钩。销售部有十几名销售员,只有一位业绩非常突出的销售员曾拿过3000多元的月工资,而公司提供的所谓"住房"其实是一间20多平方米的破旧仓库,而且是10个人挤在一起。一怒之下,小许找到招聘的副总经理讨说法。对方阴沉着脸找出当初与他签订的合同,在待遇条款里只写着"工资待遇高,公司提供住宿"的字样。另外合同规定,聘用期为3年,应聘方如毁约,违约金为每年5000元——也就是说,如果小许要求解除合同,必须向公司交纳1.5万元违约金。

从劳动法律的角度看,签订劳动合同是毕业生就业的第一关。对缺乏社会经验的大学生来说,签订劳动合同时要注意以下几点。

1. 就业就要签订劳动合同

不论就业期限长短,雇佣双方都应主动要求签订就业劳动合同。不签订劳动合同就意味着没有办理劳动管理部门的录用手续。如果没有劳动记载,就无法办理社会保险、住房公积金账号。从法律的角度看,"应当签订而没有签订劳动合同"属于事实劳动关系。而处于事实劳动关系中,往往就处于被动、不确定的就业状况中。

2. 注意劳动合同的条款内容

根据《中华人民共和国劳动法》(以下简称《劳动法》)、《中华人民共和国劳动合同条例》等法律法规规定,劳动合同必备的条款有7项:合同期限、工作内容、劳动保护和劳动条件、劳动报酬、劳动纪律、劳动终止条件、违反劳动合同责任等。这7项必备条款是必须写明的。一些不诚信的单位有意在工作内容、劳动保护和劳动条件、劳动报酬等劳动者主要权利上留下"空白",同时在口头上给予各种承诺。因此,大学生在签订合同时,除了要注意7项条款是否齐全,还要警惕"口头承诺",不要让涉及本人主要权利的条款留下空白。

3. 了解用人单位的规章制度

在劳动争议中,40%左右的案件是因为用人单位以违反单位规章制度为由解除合同的。在这些争议中,单位的规章制度就成为决定官司胜败的关键。如果用人单位能证明规章制度合法建立,而毕业生是"知道或应当知道"的,你就很难胜诉。《最高人民法院关于审理劳动争议案件适用法律若干问题的解释》第19条规定:"用人单位根据《劳动法》第四条之规定,通过民主程序制定的规章制度,不违反国家法律、行政法规及政策规定,并已向劳动者公示的,可以作为人民法院审理劳动争议案件的依据。"

在签订劳动合同时,用人单位可能会发给毕业生一本员工手册之类的制度汇编本,还有可能设定签收的程序。如果毕业生看都不看就签收,意味着同意了用人单位事先单方面的规定。因此应当注意查看这些规章制度与劳动合同的约定是否一致,如果相互矛盾应当提出修改要求。

4. 就业协议与劳动合同应当一致

从大学生就业市场化起,就业一般分为两个阶段。

第一阶段,双向选择成功后,用人单位与大学生签订由教育部门统一印制的就业协议。

第二阶段,毕业后,毕业生凭学校的报到证与用人单位签订劳动合同。

由于毕业生先签订就业协议、再签订劳动合同的现实情况,有可能出现前后不一致的矛盾条款。例如,就业协议规定服务期限为5年,提前跳槽的要赔偿3万元,而后签的劳动合同却是1年有效期,也没有规定提前离职的赔偿。再如,就业协议约定工资为3000元,但是劳动合同则说按公司的薪酬规定发放,到发工资时只有2000元了。这些前后矛盾的条款怎样执行呢?

从教育、劳动部门的规定来说,毕业生与用人单位建立正式劳动关系,应当签订劳动合同,双方的劳动关系应当以劳动合同为准。用人单位与毕业生签订了劳动合同后,原来签订的就业协议应当自动失效,就业协议对双方不再具有约束力。如果在就业协议中的某些约定没有在劳动合同中明确规定,应视为权利人的自动放弃,任何一方不应当以就业协议的条款约束对方。

但是,对于合同中服务年限、工资等特殊问题,如果毕业生发现就业协议与劳动合同不一致，应当要求单位按已生效的协议修改合同。例如，当出现服务期限不一致的情况时，毕业生应当要求单位在合同中加上"就业协议规定的期限对双方不再有约束力"；当工资数额不一致时，可以在合同中加上"按公司的薪酬规定发放，但不得低于就业协议约定的工资"。

三、谨防试用期上当

社会用工单位设立"试用期"的情况非常普遍，试用期间，单位与大学生的权利义务怎样规范？试用期究竟应该多长？

大学生往往被要求签订"试用合同"，与正式合同相比，这类合同的条件更为"苛刻"。而《劳动法》等法律规定，试用期只有在正式合同中才能约定，如果没有订立正式合同就不存在单独的"试用合同"。因此，单位要求大学生签订单独的试用合同属于违法行为。

关于试用期的长短，也是容易引起争端的问题。国家劳动和社会保障部《关于实行劳动合同制度若干问题的通知》规定，劳动合同期少于6个月的，试用期不得超过15天；劳动合同期长于6个月但短于1年的，试用期不超过30天；劳动合同期长于1年但短于2年的，试用期不超过60天。

四、不抵押任何证件、钱物

身份证是公民个人身份的唯一合法凭证，在我们的生活中起到不可替代的重要作用。求职期间，毕业生尤其要妥善保管证件，不轻易外借或抵押，以防被别有用心的人利用。而大学毕业证一旦丢失则不予补办，将给毕业生今后的学习、工作与生活带来重大损失。国家劳动部门明确规定：任何企业在招聘员工时，都不得以求职者的身份证、毕业证等作抵押。

近年来还出现了一些"诈骗"案件，个别机构假借"招聘"之名，巧立名目收取岗位押金、服装费、伙食费，或以办理健康证、考勤卡、工资卡等名义收取各类费用。当权益受到侵害时，多数大学生将责任归于自己糊涂，认为与其四处申诉还不如继续寻找工作。其实，学生在遭遇就业陷阱后，应及时求助劳动监察部门或公安机关，利用法律武器保护合法权益，让骗子得到惩处。

第九章 交通安全危机应对

> 真实案例 9-1

某日中午 11 时许,在西安市东二环一所高校门前,两名女大学生李某和张某要过马路,她们嫌走 200m 外的人行天桥太麻烦,便直接横穿马路。结果,李某被一辆疾驰而来的小货车撞倒,当场死亡。同行的张某惊恐之余,泣不成声:"刚才还跟我有说有笑呢,怎么才几分钟就……"

(摘自西安交通网)

全世界每年有 120 多万人死于车祸,在交通事故中受伤和致残者更是高达数百万人。据统计,全球 50% 的交通事故受害者年龄在 15~24 岁。这些非正常死亡者中,大部分可以通过预防措施和紧急处理得以幸免。然而遗憾的是,被誉为"天之骄子"的大学生们,很多还不会"走路"。每年,大学周边区域发生的交通事故一直呈现出上升趋势,其中由于大学生自己不遵守交通法规而导致事故的占了相当比例。可见,我们常说的"交通意外",仍然存在着一定的必然性。

第一节 道路交通安全常识

交通事故(Traffic Accident)是指车辆在道路上因过错或者意外造成人身伤亡或者财产损失的事件,泛指发生在公路、城市街道、铁路、航道、空中以及与道路一体的桥梁、隧道、轮渡设施和作为道路用的电梯等地的伤亡事故。交通事故不仅可以由非特定人员违反交通管理法规造成;也可以由地震、台风、山洪、雷击等不可抗拒的自然灾害造成。

从这个定义看,"交通事故"有广义和狭义之分。广义的交通事故包括了空难、海难等事故;而狭义的交通事故则指发生在道路上的交通事故。由于我国路况复杂，校园内的道路又与社会上的道路情况差别较大，大学生遭遇的交通事故多为道路交通事故。

一、掌握道路交通的基本规则

不论校内还是校外，发生交通事故的主要原因是思想麻痹、安全意识淡薄。遵守交通法规是最起码的要求。我国路况复杂，机动车、非机动车和行人都在道路上通行。为了合理分流、减少冲突，我国道路交通有两个基本规则。

第一，人车靠右通行：无论行人还是车辆，如果靠道路左侧通行就是"逆行"，是一种违章行为。

第二，人车各行其道：机动车、非机动车、行人都应在规定的路面范围内通行。在通行中，应当注意观察隔离带、护栏、交通标线等物理隔离标志，不要随意进入路面通行。

二、按照交通信号和标志通行

为保证交通安全，道路交通管理部门利用交通标志、标线和指挥信号传递道路信息、维护交通秩序。大学生应当学会理解交通标志和信号的意义，按指示通行，保障自身的交通安全。

交通信号灯俗称"红绿灯"，是每一位公民从幼儿起就熟知的。然而"按灯行走"是关键，很多人都是急于通行，不顾红灯的警示，违规穿越马路而遭遇车祸。

交通标志，是用一定的形状、颜色、符号组成的标志牌，埋设于道路两边或架设于道路上空，向车辆驾驶员和行人传递道路或交通管理信息。如果学会了解它们的意思，就能掌握道路或交通的有关情况。

(1) 警告标志：用于警告车辆、行人注意前方危险地点的标志。颜色为黄色、黑边、黑色图案；形状为等边三角形，顶角向上。

(2) 禁令标志：用于禁止或限制车辆、行人交通行为的标志。除个别标志外，颜色为白底、红圈、红杠、黑图案，图案压红杠；形状有圆形、八角形和顶角向下的等边三角形。

(3) 指示标志：用于指示车辆、行人行进的标志。颜色为蓝底、白图案；形状有圆形、长方形和正方形。

(4) 指路标志：用于传递道路方向、地点、距离信息的标志。颜色除个别标志外，一般道路为蓝底白字，高速公路为绿底白字；形状通常为长方形和正方形。

三、预防交通事故

如果大学生掌握基本的交通安全知识,时刻认真遵守交通法规,对生命的本质有深刻的认识,有强烈的自我保护意识,那么就可以大大降低诸如此类的交通事故发生的概率。预防大学生易发生的交通事故,应从以下几个方面入手。

1. 必须认真遵守交通法规

大学生容易发生的交通事故,不管是校内还是校外,往往不是由于其缺乏基本的交通安全知识,而大多是因为其心存侥幸,思想麻痹,安全意识淡薄,没有认识到道路交通危险性所带来的生命之忧,因此大学生必须掌握道路交通安全常识,自觉提高交通安全意识,遵守交通法规。

2. 必须掌握基本的交通安全知识

大多数高校会在新生入学伊始对其进行交通安全知识教育,确保学生掌握基本的交通安全知识。预防交通事故的发生,首先要让大学生自觉了解和学习《中华人民共和国道路交通安全法》,培养大学生自觉养成遵守交通法规的好习惯。学校和老师应该利用多种形式和典型事故案例对大学生进行交通安全教育,特别是在学生放假离校、返校,参加社会实践活动、生产实习或寻找工作等期间,更要及时做好安全教育,必要时可以将交通安全知识列为一项入学教育考试。

3. 必须增强自我保护意识

预防交通事故,大学生除了要掌握了基本交通安全知识、认真遵守交通法规外,还必须充分认识到交通事故的破坏性和危险性,增强自我保护意识。学校要加强对大学生的生命教育,让大学生认识到生命顽强和脆弱的两面性,让学生了解校内校外交通安全潜在威胁的严重性,养成珍爱生命、遵守交通法规的好习惯,增强自我保护意识。

第二节　交通事故的肇事原因

近年来,随着人们生活水平提高,生活节奏加快,时间效率观念增强,交通事故致残数量不断增加。交通事故的原因多种多样,既有驾驶人员的操作失误,又有道路状况、气候影响以及行人、非机动车的违章等多种原因,究其根本，引发道路交通事故的主要原因可分为人和自然两个方面的因素。

一、人的因素

人的因素属于可抗因素，即可以避免的引发道路交通事故的因素。它包括所有使用和管理道路者，如机动车驾驶员、骑自行车的人、乘车人、行人以及道路工作人员等。

1. 机动车驾驶员

机动车驾驶员数量增长速度过高、群体文化素质不高、安全驾驶技术水平不高、缺乏职业道德等是发生交通事故的重要原因。驾驶员在行车过程中注意力分散、疲劳过度、休息不充分、睡眠不足、酒后驾车、身体健康状况欠佳等潜在的心理、生理性原因，造成反应迟缓就会酿成交通事故。引发交通事故及造成损失的驾驶员主要违规行为包括疏忽大意、超速行驶、措施不当、违规超车、不按规定让行这5个因素，此外，一些人贪图便宜购买一些大城市淘汰的、已近报废的车辆，或不符合本地标准、安全技术检测状况差以及报废的车辆，有些个体户的出租车昼夜兼程，多拉快跑，只用不修，导致车辆技术性能差，故障多，机件失灵等均可引发交通事故。有研究表明驾龄在2～3年、4～5年的驾驶员发生交通事故次数多，死亡人数多，而驾龄为1年的驾驶员人数在驾驶员总数中虽不占优势，但造成损失的比例却是最大的。

2. 骑自行车的人

据统计，交通事故死亡人数中的3/4是行人、乘车人及骑自行车的人。非机动车驾驶员中，骑自行车的人不走非机动车道，抢占机动车道；路口、路段抢行猛拐；对来往车辆观察不够；自行车制动系统失灵或根本就没有；骑车技术不熟练，青少年骑车追逐嬉戏等均可引发交通事故。

3. 行人

不走人行横道、地下通道、天桥；翻越护栏、横穿和斜穿路口；任意横穿机动车道，翻越中间隔离带；青少年或儿童突然跑到道路上，对突然行进的车辆反应迟缓、不知所措；不遵守道路交通信号及各种标志等均可导致发生交通事故。

4. 乘车人

乘车人由于乘坐存在安全隐患的机动车驾驶员驾驶的车辆或存在安全隐患的车辆，或在存在安全隐患的自然条件下乘车，或不按规定乘车，做出乘车禁止的行为，均可引发交通事故。

5. 道路工作人员

由于交通管理不足而造成交通事故的主要表现为：警力严重不足，整体执法水平不高；道路交通设施欠缺；交通技术管理落后，含量不高；群防群治，综合治理，社会化管理交通的各种措施没有落实；各有关部门在管理立法规划等方面，缺少严密和长期的合作；管理决策者的思想观念不适应。

二、自然因素

引发道路交通事故的自然因素包括车辆因素、道路因素、气候因素等。

1. 车辆因素

车辆因素包括机动车辆和非机动车辆。"机动车"是指以动力装置驱动或者牵引，上道路行驶的供人员乘用或者用于运送物品以及进行工程专项作业的轮式车辆。"非机动车"是指以人力或者畜力驱动，上道路行驶的交通工具，以及虽有动力装置驱动但设计最高时速、空车质量、外形尺寸符合有关国家标准的残疾人机动轮椅车、电动自行车等交通工具。影响机动车辆安全行驶的主要因素是转向、制动、行驶和电气4个部分，机动车在长期使用过程中处于各种各样的环境下，承受着各种应力，如外部环境应力、内部功能应力和运动应力，以及汽车、总成、部件等由于结构和使用条件，车辆技术状况参数将以不同规律和不同强度发生变化，或性能参数劣化，导致机动车的性能不佳、机件失灵或零部件损坏，最终成为造成道路交通事故的直接因素。非机动车辆多因自身及外部原因遭遇道路交通事故。

2. 道路因素

我国城市道路结构尚不够合理，直线路段过长，道路景观过于单调，容易使驾驶员产生疲劳，注意力分散，致使反应迟缓；汽车的转弯半径过小，易发生侧滑；驾驶员的行车视距过小，视野盲区过大；线形的骤变、"断背"曲线等线形的不良组合，易使驾驶员产生错觉，操作不当，酿成事故；交通构成不合理，交通流中车型复杂，人车混行、机非混行问题严重；道路基础设施建设速度低于交通需求的发展速度，道路设计要求与实际运行状况不协调；各地区道路线形、道路结构、道路设施不一，客观上给过境车辆的驾驶员适应交通环境带来难度；道路标志标线设置不科学、数量不足、设置不连续。上述原因均可引发道路交通事故。

此外，由于农用运输车发展迅速，致使通往农村的公路上畜力车不断减少，机动车急剧增多。但由于农村各种管理机构、管理人员、管理机制滞后并奇缺，仅有的个别的管理部门也是人少力薄，加上农民本来文化及意识就不足，多种有意无意地拒管、抗税、逃费等，在农村形成了相当的管理"真空"区，致使通往农村的道路上，轮子飞转，各种车辆肆意横行，"三无"车辆随处可见，极易引发道路交通事故。

3. 气候因素

由于地震、台风、山洪、雷击、大雾等不可抗拒的自然灾害也可引发道路交通事故。近年来，由于全球气候环境发生较大改变，一些地区还可能因冰山融化、湖泊河流的洪水或干涸、温度过高而引起的自燃等新的自然灾害而引发道路交通事故。

三、大学生交通事故的主要形式

大学生交通安全意识比较淡薄，近年来发生的交通事故主要有以下几种形式。

1. 听音乐过马路，要时尚不要安全

很多大学生走路不专心，不注意观察路面状况，却专注于听音乐、聊天、收发手机短信等，造成了安全隐患。

真实案例 9-2

广东某高校学生李某，酷爱边听音乐边走路，有时候车到眼前才能发觉。某天下午，他像平时一样边听音乐边回宿舍，经过十字路口时，一辆桑塔纳轿车从他左侧开过来，他因听不见丝毫没有避让，结果汽车刹车不及将他撞倒，幸好车速不快，否则性命难保。

2. 路上嬉闹游戏，危险倍增

大学生精力旺盛、活泼好动，即使在马路上也喜欢嬉戏打闹，还有的在路上进行踢球、轮滑、滑板等体育活动，增加了发生事故的危险性。

真实案例 9-3

某年5月，上海某高校两位男同学在操场踢完足球后，余兴未尽，在回寝室的路上还边跑边相互传球，此时身后正好驶来一辆两轮摩托车，驾驶员躲闪不及撞上了其中的一位，被撞的学生右小腿骨折，不得不住院休养。

3. 违规骑车，教训惨重

大学生多选择自行车为出行工具，比乘车自由，比步行快捷。但违规情况也不少，例如购买赃车、二人共乘、骑飞车、双手大撒把或双脚离开踏板、路上追逐或搂扶骑行等，一旦遇险，后悔莫及。

真实案例 9-4

2007年5月26日晚上，武汉某著名高校的学生李某骑自行车带女友横穿马路，不幸被汽车撞倒。李某当场死亡，其女友也因伤势过重第二天在医院不治身亡。面对突如其来的悲剧，两位同学的家长悲痛欲绝。

4. 乘坐"黑车"，因小失大

许多大学附近，"黑车"屡禁不止，引发的交通事故时常见诸报端。尽管乘坐"黑车"实惠、方便，但与它所带来危害性相比，大学生应当清醒地认识到，乘坐"黑车"完全没有保障，千万不要为贪图小便宜，遇险后只能自食苦果。

真实案例 9-5

某年9月的一个周六，吉林省某高校的一对大学生情侣乘坐一辆"黑车"外出。该车开行没多久，迎面驶来一辆速度飞快的面包车。"黑车"司机为了避让，猛打方向盘，强大的惯性将男生甩出车外。该同学后脑着地，身受重伤，历经两年的治疗，花费近50万元，仍处于"植物人"状态。"黑车"司机在女同学救护男同学时逃之夭夭。报案后，女生无法准确描述"黑车"司机的长相，更提供不出"黑车"的车牌号码。因此本案一直查无线索，无法索赔。

第三节 交通事故的预防与处置

交通事故的发生固然存在偶然因素，但主观注意、个人修养和日常生活中良好习惯的养成，往往决定了人的一生的前途与命运。大学生在出行中，途经复杂路段，如果能按照信号停走，或许就能逃过一劫；如果遭遇事故，能够摒弃侥幸心理，积极而冷静地应对，或许就能脱离险境。因此，预防和应对事故的知识是我们亟待学习的内容。

一、行人交通安全常识

（1）行人步行外出时要注意行走在人行道内，在没有人行道的地方要靠路边行走。

（2）横过马路时须走过街天桥或地下通道，没有天桥和地下通道的地方应走人行横道。在没划人行横道的地方横过马路时要注意来往车辆，不要斜穿、猛跑，经观察发现路上无来往车辆时便迅速直穿过马路。

（3）走路时要集中精力，"眼观六路，耳听八方"。

（4）在通过十字路口时，要听从交通民警的指挥并遵守交通信号。

（5）在设有护栏或隔离墩的道路上不得横过马路，不与机动车抢道，不突然横穿马路、翻越护栏，过街走人行横道；行人不得跨越、倚坐道路隔离设施；不得扒车、强行拦车或者实施妨碍道路交通安全的其他行为；不闯红灯，不进入标有"禁止行人通行"、"危险"等标志的地方。

（6）不要养成边走路边看书或听随身听的习惯，不要在非运动场地进行体育运动，经过路口、弯道时注意力要集中；不得在道路上追逐打闹，严禁在道路、停车场上滑板或溜旱冰。

（7）行人通过铁路道口时，应当按照交通信号或者管理人员的指挥通行；没有交通信号和管理人员的，应当在确认无火车驶临后，迅速通过。

（8）要学会估测来车与自己之间的安全距离，当车辆正在行驶时，你与来车距离15米时不能抢道，25米以上才较安全。通过郊外马路时，要与来车距离大于40米以上才能通过。

二、乘车人交通安全常识

（1）乘车人乘坐公共汽车、电车和长途汽车须在站台或指定地点候车，待车停稳后，先下后上，排队上车，应待车停稳后，依次上下车，不挤不抢不扒车，以免踩伤或为小偷作案提供条件。

（2）乘车时不可将头、手、身体伸出窗外，不准跳车，以免受到伤害。

（3）乘坐货运机动车时，不准站立，不准坐在车厢栏板上；乘坐长途客车、中巴车时不能贪图便宜，乘坐车况不好的车，不要乘坐"黑巴"、"摩的"等没有安全保障的车辆；乘车时前排乘客必须系好安全带，有条件的后排乘客也必须系好安全带；摩托车驾驶员前面不许载人，乘坐摩托车不许侧坐。

（4）乘坐长途汽车，一定要忍住瞌睡，在睡眠时，若司机急刹车，巨大的惯性可能对你造成伤害。

（5）乘坐火车、轮船、飞机时必须遵守车站、码头和机场的各项安全管理规定，乘坐时不准携带易燃、易爆等危险品；乘坐公共汽车、火车等，不得向车外抛洒物品,不得有影响驾驶员安全驾驶的行为,不准在车行道上招呼出租汽车。

(6) 下车后,不要从车前、车后突然走出或突然横穿马路。

(7) 有下列情况发生时不应乘车,以免发生危险。

①发现车辆破损,声音异常时;发现驾驶员精神状态不佳、酒后驾车时;发现车辆不正常运行、客货混载、违章超载时;发现客车有其他违反操作规程时。

②恶劣天气(如大风、大雨、大雾、大雪)不坐汽车长途跋涉。

③病中无人陪伴不要乘车。

三、骑自行车人交通安全常识

1. 骑自行车的人首先要对自行车进行必要检查

(1) 检查车座固定状态,并在固定前将车调整到自己骑上车后两脚尖能够着地面,双手把握自如,上身稍微前倾为宜。

(2) 检查车把与前轮是否已固定为直角。

(3) 检查前后车闸是否灵敏有效。时速在10km时,捏闸后应在3m以内停车。如不骑行,可在平地将前后车闸同时用手捏紧,推车前移,以车轮不转动为合格。否则,应立即调整前后闸杆与车把之间的行程量,然后调整闸皮与后圈或车轴套的行程量。

(4) 检查车铃是否响,安装位置是否适宜,按铃时以手不离把为宜。

(5) 检查轮胎内充气是否合适,夏天不要充气太多,以防轮胎爆裂。路面有冰雪时,应适当放气,以增大轮胎与地面的摩擦力。

(6) 检查自行车的润滑部分,包括车把、前轴、中轴、后轴及后轴的飞轮,及时排除异响和转动不正常的故障。

(7) 检查是否装有反射器,反射器是否清洁。如有转向灯,是否好使。为了便于机动车驾驶员在夜间能及时发现自行车,减少自行车被撞的交通事故,一是要保护尾灯完好,二是应尽可能地在自行车前后设置反光标志。

2. 在进行必要检查保证没有问题后方可上路,骑自行车须知基本常识

(1) 要学习了解、自觉遵守道路交通法规。

(2) 在道路上要在非机动车道内行驶,没有划分车道要靠右边行驶。

(3) 行驶中要遵守交通信号灯,不得抢穿红灯。

(4) 穿越无信号灯的十字路口,必须"一慢、二看、三通过"。

(5) 在无分道标志线的道路,必须靠边行驶。

（6）行驶时不要随意抢占机动车道，不要多车并排行驶。

（7）行驶时要集中思想，不要戴着耳机收听广播、音乐。

（8）在转弯时必须看清后面来车，先伸手示意，不要突然转弯、斜行转弯。

（9）对于不同天气特点，做到安全行车：顺风不要借助风势骑快车；逆风不要低头猛骑不看路；雾天视线变差要慢速骑行；下雪结冰路滑要把稳龙头；雨天穿戴雨披更要多留心。

（10）通过路口时要严守信号，停车不要越过停车线，不要绕过信号行驶；不要骑车逆行；不扶肩并行；不在便道上骑车。

（11）大、中城市市区不准骑自行车带人。双手不准离把或攀扶其他车辆或手中持物。不准扶身并行，互相追逐或曲折竞驶。

（12）在横穿4条以上机动车道或中途车闸失效时，须下车推行；骑车转弯时要伸手示意，不要强行猛拐。

（13）不得成群结队在道路上嬉闹或横占道路并排骑车，不得双手离开车把骑车，不准一车搭载两人（携带婴幼儿者除外），禁止横冲直撞骑飞车，或走之字路线骑车，在有禁行标志的斜坡必须下车推行，禁止机件不全或失灵的车辆（包括手推车等）上路行驶。

3. 骑车要跌倒时的自我保护

骑车不慎将要跌倒时，与其拼命保持平衡，还不如索性摔倒。因为勉强保持平衡，就忽视了自我保护，往往导致严重的挫伤、脱臼或骨折等后果。所以，遇到意外时，迅速地把车子抛掉，人向另一边跌倒。此时，全身肌肉要绷紧，尽可能用身体的大部分面积与地面接触。不要用单手、单肩或单脚着地。

四、机动车驾驶人交通安全常识

（1）出车前一定要认真检查车辆，确认车辆无故障后方可出车；机动车驾驶人应严格按照《道路交通安全法》第四章《道路通行规定》第一节《一般规定》的有关要求驾驶。

（2）出车时要带齐有关证件，行车中要随时注意标志牌，以防走错路线无故造成违章；机动车上道路行驶，不得超过限速标志标明的最高时速；在没有限速标志的路段，应当保持安全车速。

（3）夜间行驶或者在容易发生危险的路段行驶，以及遇有沙尘、冰雹、雨、雪、雾、结冰等气象条件时，应当降低行驶速度；同车道行驶的机动车，后车应当与前车保持足以采取紧急制动措施的安全距离。

（4）机动车通过交叉路口，应当按照交通信号灯、交通标志、交通标线或者交通警察的指挥通过；通过没有交通信号灯、交通标志、交通标线或者交通警察指挥的交叉路口时，应当减速慢行，并礼让行人和优先通行的车辆先行。

（5）机动车遇有前方车辆停车排队等候或者缓慢行驶时，不得借道超车或者占用对面车道，不得穿插等候的车辆；在车道减少的路段、路口，或者在没有交通信号灯、交通标志、交通标线或者交通警察指挥的交叉路口遇到停车排队等候或者缓慢行驶时，机动车应当依次交替通行。

（6）机动车通过铁路道口时，应当按照交通信号或者管理人员的指挥通行；没有交通信号或者管理人员的，应当减速或者停车，在确认安全后通过；机动车行经人行横道时，应当减速行驶；遇行人正在通过人行横道，应当停车让行；机动车行经没有交通信号的道路时，遇行人横过道路，应当避让。

（7）机动车行驶时，驾驶人、乘坐人员应当按规定使用安全带，摩托车驾驶人及乘坐人员应当按规定戴安全头盔；驾驶机动车驾驶人员在驾驶时一定要聚精会神，不要只顾着和同伴聊天而不留意路况。

（8）一定要切记：酒后不能驾车。

五、发生交通事故后的处置

1. 及时报案

无论在校外还是在校内，一旦发生交通事故，首先要对当事人进行急救，及时拨打112报案，有利于事故的公正处理，千万不能与肇事者"私了"。若在校外发生交通事故除及时报案外，还应该及时与学校取得联系，若未造成人身伤亡，学生对事实及成因无争议的，可以即行撤离现场，恢复交通；造成轻微生命财产损失，并且基本事实清楚的，学生应当先被送往就近的医院进行检查治疗，再由学校出面处理有关事宜。

2. 保护现场

事故现场的勘查结论是划分事故责任的依据之一，若现场没有被保护好会给交通事故的处理带来困难，造成"有理说不清"的情况。切记，发生交通事故后要保护好事故现场。现在记录的介质越来越多，记录现场也越来越方便，学生可以利用手机、相机、MP3、MP4等记录现场的声像、音频资料，为后续事宜积累有利证据。记录的重点包括事故发生时的原貌、肇事的车牌号、车辆的品牌种类、肇事司机的体貌特征。

3. 控制肇事者

事故发生后如无重大伤亡，一定要稳住肇事者，征得其帮助和同情，在交警未到达之前不要与其发生激烈争执，以免激化肇事者情绪。若肇事者想逃脱一定要设法控制，自己不能控制可以发动周围的人帮忙控制，若实在无法控制也要记住肇事车辆的车辆牌号等特征。

4. 高校内的事故处理

发生在高校内部的交通事故其处置方法大致与发生在道路上的交通事故处置方法相同，相比之下，发生在高校内部的交通事故可以得到更便捷、更迅速的处置。

（1）及时报学校保卫部门和所在院系的负责老师。在学校内部发生交通事故后，首先对当事人进行急救，并立即报学校保卫部门和交通部门，由学校保卫部门和交警到达现场了解情况，还要及时与学生所在院系的负责老师取得联系，由负责老师及时联系学生家长。若对学生造成轻微生命财产损失应由学校保卫部门和学校所在院系出面协商处理医治、赔偿等相关事宜。

（2）保护现场。发生在高校内部的交通事故由于学生群体人流比较大，因此更有利于发动周围的同学帮忙，当事人应发动周围同学帮忙保护现场，进行必要的记录，并将自己的个人信息告知大家，便于取得帮助。

（3）控制肇事者。发生在高校内部的交通事故由于人流量比较大，肇事者逃逸的可能性也就减小了，当事人可以通过呼喊的途径，征得路人的帮助，将肇事者控制住，在学校保卫部门、交警、老师未到达现场之前，不与其发生激烈争执。

第十章 维护高校稳定,构建和谐校园

真实案例 10-1

2006年5月,武汉某高校经报请有关部门批准并履行相关手续后,遣返了该校两名A国籍外教。经公安机关查实,这两名外教自2005年10月起,先后以课外辅导为名,邀请5名学生到其校内寓所交流,其间介绍基督教义,并称是"在耶稣的指引下来到你们身边"。在他们的感染下,其中4名同学课后常到寓所听其讲解《圣经》,后来增加到7人,讲解活动也逐步升级为定期做弥撒、诵经等。两名外教被遣返时正在力劝几名同学皈依基督教。

[点评]

我国法律规定,宗教活动不得影响国家教育制度。高校是进行教学与科研活动的场所,任何人在校园内传教都是非法的,既妨碍了国家教育制度,又超出了法律规定的宗教活动范围。

大学期间,积极参加健康有益的社会活动,不仅能够丰富课余生活,增强人际交往能力,培养团队协作精神,还可以开阔视野、增长见识,促进自身的全面发展。然而,有些社会团体是没有经过国家有关部门批准私自设立的。这些不法团体从事思想渗透、非法传教、民族分裂、刺探机密等各种影响校园稳定、危机国家安全的活动,必须引起大学生的高度警惕。

第一节 影响高校稳定的因素

邓小平同志说:"中国的问题,压倒一切的是稳定,没有稳定的环境,什么都搞不成,已经取得的成果也会失掉。"高等学校是人才聚集的地方,是情报信息的密集区,处于政治斗争的前沿阵地,历来是境内外敌对势力渗透破坏的重点。高校的稳定不仅关系到学校的教学、科研及各项工作的开展,关系到国家人才的培养和教育事业的发展,而且关系到国家大局的稳定,高校大学生应当充分认识维护稳定的重要性。

一、影响高校稳定的因素依然存在

1. 境内外敌对势力的渗透、颠覆和破坏活动

当今时代,虽然冷战早已结束,但西方一些反华势力的冷战思维仍然阴魂不散,他们出于政治考虑,不愿意看到一个强大、统一的社会主义中国存在。境内外敌对势力的渗透、颠覆和破坏活动对我国的社会稳定造成了极为不利的影响,这一影响也成为高校不稳定的因素之一。一部分大学生由于思想单纯,对西方世界盲目轻信,很容易成为敌对势力利用的对象。

真实案例 10-2

根据南方网报道,来自美国各地经过精心选拔的 25 名大学生,在美国堪萨斯州免费学习了各种基本的情报工作与间谍技能。这只是各个美国特工机构加紧贯彻"情报机构与高等学府合作工程"计划,从大学里培养"优秀青年间谍后备队"的最新措施之一,《堪萨斯城市之星报》对此做了详细披露。这一工程主要针对学习外国文化的学生,他们经过培训后将被派往国外工作。

2. 民族分裂势力的破坏活动

中国自古以来就是一个多民族的国家,各民族之间是平等互助的关系。新中国成立后,国家根据各少数民族大散居、小聚居的特点,制定了民族区域自治政策,各族人民获得了空前的民主权利。但是极少数民族分裂分子诋毁民族区域自治政策,妄图分裂国家。这些分裂势力的背后往往有境外敌对势力的支持和帮助,实际上是在充当反华势力的马前卒。这些民族分裂势力的活动往往呈现出恐怖主义倾向,因而对社会和高校稳定都存在巨大的威胁。

真实案例 10-3

2008 年 3 月 14 日,一群不法分子在西藏自治区首府拉萨市区的主要路段实施打砸抢烧。他们大肆纵火,辱骂、殴打、砍伤执勤人员,冲击新闻、金融、学校、公安机关等要害部门,抢劫并烧毁商店、学校、汽车、宾馆。更骇人听闻的是,暴徒还惨无人道地杀害群众,连孩子也不放过,对藏族群众同样毫不手软,个别暴徒甚至效仿旧西藏农奴主的"点天灯"酷刑,把无辜群众浇上汽油活活烧死。在这起事件中,共有 18 名无辜群众被残害致死,382 名群众受伤(其中重伤 58 人),242 名公安民警、武警官兵在值勤中伤亡

(其中牺牲1人、重伤23人)。这一事件的实质就是达赖集团"藏独"分裂势力操控下的恐怖主义活动。

3. 非法宗教势力的活动

中国是一个有多种宗教的国家,我国实行宗教信仰自由的政策,保护人民群众的宗教信仰自由。政府积极引导宗教与社会主义社会相适应,依法管理宗教事务,同时引导宗教活动服从和服务于国家的最高利益和民族的整体利益,努力挖掘和发扬宗教中的积极因素,为祖国统一、民族团结和社会发展多做贡献,宗教已经成为构建和谐社会的积极因素。但是,仍然存在一些势力披着宗教外衣进行非法活动,具有很大的迷惑性,一些大学生由于对宗教存在神秘感,很容易成为非法宗教势力利用和伤害的目标。这些非法宗教势力的活动主要体现在干涉他人宗教信仰自由、干涉学校正常教学秩序上。

4. "法轮功"等邪教组织的滋事、捣乱活动

近年来,李洪志及其"法轮功"邪教组织所干的种种倒行逆施、亲痛仇快的恶行只能用4个字形容:罄竹难书。事实雄辩地表明,"法轮功"已经蜕变为一个彻头彻尾的反华组织,沦为国际反华势力颠覆我国政权和社会主义制度、破坏国家统一的走卒和工具,他们与国外反华势力掀起的浊流遥相呼应,干了其他反华势力想干而干不了的事。李洪志卖国之心为何如此急切?说到底,李洪志是为自己找到了一个能在其庇护下得以生存的靠山——西方反华势力。西方反华势力也看中了"法轮功"邪教组织可以为实现其反华战略目标充当"急先锋"。与"法轮功"的斗争,是一场长期、复杂、尖锐的政治斗争,我们要从惨痛的教训中进一步明确肩负的使命,清醒地认识到:"法轮功"的黑手已经伸向了校园,正在破坏我们正常的学习和生活,当代大学生必须旗帜鲜明地站出来,与"法轮功"做坚决的斗争。

真实案例10-4

毕业于湖南某大学园艺系的原"法轮功"练习者王某以自己切身的经历道破了天机:某天,他捧着《转法轮》这本书几乎是一口气读完,感觉真是太玄了。"法轮功"教人"真、善、忍",修炼之后还能"成佛成仙"。他逐渐沉溺在李洪志的"法轮"世界里不能自拔。在社会各界的耐心帮助下,王某开始对别人所提出的一些问题进行反思。如有人问我:"你们总是讲'真',你们师父李洪志却随意更改自己的生日,这算不算真?""你们总说为别人着想,与人为'善',可是你们为了自己修炼,连父母、子女以及其他亲人都不顾了,这能叫与人为善吗?"面对这些难以回答的问题,我才开始考虑自己的

立场是不是真的有问题。不久,他幡然悔悟。

5. 有害网络信息的负面影响

计算机信息与网络是一把双刃剑,人们在充分享受网络所带来便捷的同时,不可避免地遭遇到网络不良信息。这些有害的信息主要包括淫秽色情、赌博、暴力、邪教等方面,这些不良网站利用大学生涉世未深和青春期的生理心理特点,大量充斥强烈感官刺激的图片、视频,引诱青少年追求不良的生活方式。少数学生上网成瘾,为满足上网需要,甚至走上了偷盗甚至抢劫的犯罪道路。网络游戏中的暴力倾向也反映到了部分网友的现实生活中,他们模仿游戏中的方式暴力解决生活中的问题,甚至因为生活琐事将他人致伤致死,对他人、自己和家庭都造成了极大伤害。

在使用网络时,大学生不仅要正确地掌握网络技术、使用网络工具,同时更要学会保护自己,自觉抵御网络不良信息的侵蚀。使用网络工具的目的应当在于查阅学习资料、撰写文章、适当放松娱乐、通信工具等,但是不要散布反动政治言论,不文明语言,不要欺诈、失信。不要做不文明的事情。健康进行网络交往,要诚信,同时防止被骗。要养成网络自律精神。

真实案例 10-5

某年 5 月,上海警方破获了一起利用网络从事违法活动的案件。有人举报:一个名叫"668 视频聊天网站"从事非法活动。经过公安部门调查,这个所谓的聊天室,其实就是一些女性以聊天的形式,通过视频同时与多名网友交流,并根据他们的要求进行淫秽表演。该网站老板马某是曾经多次受到刑事处分的释放分子,其所招聘的 300 余名"网络宝贝"中竟然有多名在校大学生。

6. 高校内部矛盾增加

随着社会的巨大变革,新的社会矛盾不断出现,这些矛盾也反映在了高校之中。高校内部矛盾增加主要表现在以下方面。

经济方面,高等教育投资多元化,高校人员上岗多形式,高校内部分配多样化,使高校内部矛盾主要表现在各种经济成分之间以及各种经济成分内部;在高度集中的计划经济体制影响下,高校内部的物质利益矛盾突出,表现在从以"平均主义"为主要特征的社会分配不公,到实行"以按劳分配为主体、多种分配形式并存"的分配制度和"允许和鼓励一部分人,一部分地区通过诚实劳动和合法经营先富起来"的政策下,出现了一些新的不公和矛盾,高低收入人群差距悬殊。

思想方面，高校内部思想认识差异和由此产生的矛盾，主要表现在反映改革开放的新观念、新思想和与此不相适应的思想、观念之间的矛盾。市场经济培育起来的自立意识、竞争意识、效率意识、民主法制意识和开拓创新意识与种种拜金主义、享乐主义和极端个人主义的矛盾。人们的世界观方面的差异及由此引起的种种矛盾。体现在社会主义的进步思想文化与封建主义、资本主义的各种腐朽、反动思想文化之间的矛盾。

高校各种内部矛盾产生的原因多种多样，既有历史、政策、利益原因，也有处理方法不当的原因；既有传统文化积淀与现代文明冲突的一面，也有计划经济时代形成的思维定式与市场经济民主政治建设不适应的一面。由于高校对学生和社会具有重大的影响，不可忽视高校内部矛盾对维护高校稳定的影响。

7. 涉及国家利益、民族尊严等重大问题的认识偏差与国际行为

当今时代，经济全球化已经成为一个不可阻挡的潮流，西方发达国家在输出商品的同时也在兜售自己的价值观、政治观。应当注意到的是，西方国家输出价值观的目的并不是在于希望其他国家真正民主富强，而是利用双重标准，打压发展中国家。他们积极在其他国家扶持反政府力量、推行所谓的西方民主，根本目的在于牵制别国的发展，达到维护既有利益的目的。

当前我国正处于社会转型时期，社会的巨大变革不可避免地引起利益调整，由此引发的各种社会问题也大量存在。当代大学生一定要正确认识改革开放中遇到的问题，相信党和国家一定有能力解决这些问题。不要轻信反华势力的宣传，被一时的困难和问题所吓倒，在涉及国家利益、民族尊严等重大问题的认识上避免出现偏差。

8. 某些案件和事故导致的群体性事件

2008年，新闻媒体中有一个词特别引人注目：群体性事件。这一年所发生的贵州瓮安事件、云南孟连事件、甘肃陇南事件、出租车罢运事件等都属于群体性事件范畴。在深入探究这些重大事件背后的原因之后，公众逐渐将目光集中于几个突出问题：一些地方权力与资本结合已经严重侵害了老百姓的切身利益；一部分干部对群众的呼声麻木不仁，对群众的疾苦不闻不问，积累、激化了社会矛盾；重大事件后的干部问责需要走向制度化和规范化，问责制应对干部的日常行为形成硬性约束；重大事件善后措施中的"民主协商"程序应该前置，在事前充分消解矛盾爆发的可能性等。

随着对科学发展观、"以人为本"理念认识的深化，随着公开透明的舆论监督氛围逐渐形成，社会各界越来越有条件对改革方向、存在阻力及改革焦点等达成共识，这将有力推动政治体制改革持续向纵深发展。当代大学生应

当学会运用法律手段保护自己的合法权益，避免群体性事件的发生。

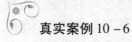
真实案例 10-6

某年 10 月 21 日，江西某民办高校部分预科学生因学籍与学制问题与校方产生意见分歧，在要求没有得到满足的情况下，数百名学生聚集在一起，打砸学校教学楼、宿舍、食堂，砸坏汽车，焚烧窗帘被服。

某年 11 月，湖南永州一个 9 个月大的小男孩因低烧在医院就诊却在两个小时内就死亡的网络消息引起了对于医德沦丧和看病难、看病贵等社会转型期间热点问题进行的激烈讨论，湖南部分高校学生到医院静坐示威，声援该无辜男孩的母亲，造成了不小的社会影响。

二、大学生要做维护校园稳定的模范

1. 树立坚定的理想、信念，自觉抵制西方敌对势力的渗透和破坏活动

以理想、信念为核心，深入开展树立正确的世界观、人生观、价值观教育，是加强和改进大学生思想政治教育的核心任务之一。理想、信念是人们对未来的向往和追求，一旦形成，就会成为支配和左右人们活动的精神动力。一个政党、一个国家、一个民族，只有确立了共同的理想信念，才会有强大的凝聚力和向心力。无论过去、现在和将来，共同的理想都是保证革命和建设事业取得胜利的精神支柱和精神动力。加强大学生理想、信念教育事关中华民族伟大复兴。当今的国际经济和科技竞争，越来越围绕人才和知识竞争展开。以人才培养为突破口，努力提高本民族的科学文化素质，培植和发展知识和科技创新能力，是实现中华民族伟大复兴的关键所在。大学生是拥有现代科学知识的人才群体，在未来经济发展中将发挥重要的作用。他们不仅比较系统地掌握了某一方面或某一领域的现代专门科学知识，是未来知识和科技创新的主体；而且拥有较系统的现代管理科学知识，毕业后将成为各部门或单位的骨干。当代大学生所肩负的历史使命决定了对大学生进行理想信念教育的极端重要性。当前，虽然大学生理想、信念方面主流是健康向上的，但是，伴随着经济全球化进程的日益发展，潮水般涌入的各种文化思潮和价值观念冲击着大学生的思想，某些腐朽落后的生活方式侵蚀着大学生的心灵。当代大学生应当树立坚定的理想、信念，自觉抵制西方敌对势力的渗透和破坏活动。

2. 承担起历史责任，理性理解爱国主义

2009 年 5 月 2 日胡锦涛总书记来到中国农业大学，同广大师生共迎"五

四"青年节并发表重要讲话,对全国广大青年学生提出殷切希望,号召当代青年要把爱国主义作为始终高扬的光辉旗帜,把勤奋学习作为人生进步的重要阶梯,把深入实践作为成长成才的必由之路,把奉献社会作为不懈追求的优良品德。胡锦涛总书记提出的四条希望,指明了当代青年前进的方向,爱国、实践、奉献是当代青年的历史责任。当今世界的竞争体现在综合国力的竞争上,如何实现中华民族的伟大复兴,建设富强民主的社会主义强国,是当代青年尤其是大学生应当思考的问题。

理性的爱国主义不主张空想、空谈,反对情绪的狂热,态度的偏激,思维的狭隘、机械甚至僵化。建立在理性基础上的爱国主义,应该以国家利益为最高目标,以具体实践为判断标准(实践理性),以内部和谐为支撑,讲求团结,反对口头爱国、狭隘爱国。理性的爱国主义既不是狂热的,也不是消极和麻木的,更不是分裂破坏的。理性的爱国主义在于对爱国主义内涵的理性思考,在于行动与言说的恰当表达,是一个基于利益逻辑的宏观把握。理性爱国主义要有价值理性、批判理性和实践理性。

3. 学会辨别真伪,自觉抵制网上不良信息

随着互联网技术的快速发展与普及,网络已成为大学生学习、工作、交往以及讨论公共事务、表达意见、进行舆论监督等方面的一个重要公共平台。但是,互联网快速发展的同时也是泥沙俱下,人们在享用互联网带来的便利时,也常常为网上大量不道德、不文明行为所困扰。例如,传播谣言、散布虚假信息;论坛、聊天室侮辱、谩骂;网络欺诈行为;网络色情聊天;窥探、传播他人隐私;盗用他人网络账号,假冒他人名义;强制广告、强制下载、强制注册;炒作色情、暴力、怪异等低俗内容,制作、传播网络病毒,"黑客"恶意攻击、骚扰;传播垃圾邮件等,这些"网络不文明行为"所反映出的"网德缺失",影响了网络的正常秩序,放大了网络的负面作用,已成为时下网络上最为人诟病的痼疾。

青年学生在充分利用网络技术所带来的快捷与方便的同时,应当学会辨别真伪,自觉抵制网上不良信息。这些不良信息除低俗、暴力、淫秽、邪教、民族分裂等内容外,还应当注意识别网络诈骗活动。对于利用腾讯QQ、MSN等方式传播的中奖信息,要注意甄别,特别要注意保护好个人的信息安全,防止不法分子盗用后进行诈骗活动。此外,对于网络交友活动要持谨慎态度,对于网友的借款、见面等要求要慎重,防止财物损失和人身伤害事件的发生。

真实案例10-7

某年12月12日下午,九江某高校的女大学生蔡某到市公安局浔阳分局

甘棠派出所报案,称其轻信网络中奖,被骗走3000多元。

11日晚7时许,蔡同学上网时发现在自己的QQ空间里有一个中奖活动通知,内容为腾讯网和三星集团合办的"十二月大乐送"。此活动设一、二、三等奖三个奖项,奖品分别为38000元、28000元、18000元的现金和一台笔记本电脑。蔡同学看到奖品如此丰厚,正好自己又想买一台笔记本电脑,就心动了。于是就按照网上的要求填写了一份资料,不久她就被告知中了一个二等奖,同时被告知在领取奖品前要先把保险费和邮寄费汇到指定账号上。12日上午和中午她分两次把3000余元现金汇到了指定的两个账号上,然后打电话过去询问,可电话那头却说她没把钱汇过去。这下蔡同学才发现自己被骗了。

4. 理解和支持学校的改革,正常途径反映意见

随着社会的发展与变化,高校原有的管理体制与学生培养方式不可避免地要随之发生变化。这种正常的改革是对社会的一种适应和提高学校教学管理水平的有益尝试,在改革中难免会触及一些现有的利益关系,这就需要青年学生理解和支持学校的改革。学校应当在充分考虑各方面需求的同时破除阻碍学校发展的各种不利因素,在此期间需要进行充分的解释工作,获得大家的理解与支持。学生可以充分行使自己的民主权利,通过正常的途径反映意见、提出建议。这些途径包括向老师和领导表达自己的意见,在民主生活会上发言,充分利用学校的意见箱和校长信箱,向学校党委和纪委表达意见等。不要采取匿名发帖甚至大字报、小字报等不理智的行为。

5. 妥善处理各类纠纷,主动化解矛盾

每一个人都希望与他人友好相处,都希望自己能拥有一个良好的人际关系。人际关系问题在大学生活中始终是一个影响自身心理健康、影响校园生活质量的重要因素。那么,怎样才能在大学校园与人友好相处,拥有一段终生难忘的美好回忆,同时又为将来步入社会做一个充分的人际关系方面的准备呢?我们每个人不可避免地会遇到各种矛盾,我们应当如何化解?同学间发生纠纷时,我们又应当如何处理呢?

现在的大学生交往中,普遍存在一种"以我为中心"的交往倾向。很多人只强调他人对自己应该承认、理解、接受和尊重,却忽视对等地去理解和尊重他人;只注意自己目的实现,却无视他人的利益和要求等。大学生必须逐渐摆脱以自我为中心的思维方式,逐渐学会设身处地地为别人着想,并在此基础上建立起独立、协调的新的人际关系。我们在充分了解校园人际关系特点的基础上,注重自身人格塑造和能力培养,做到宽宏豁达、以诚相待,就可以做到妥善处理各类纠纷,主动化解矛盾。

 第十章 维护高校稳定，构建和谐校园

第二节 构建和谐校园

多年维护稳定的工作经验证明，维护高等学校的稳定有着更为重要的意义。只有保持稳定的校园环境，学校的改革发展才能顺利进行，使教师安居乐教，将学生培养成才。如果没有一个稳定的校园环境，学校就会乱糟糟的，像"文化大革命"时期一样搞大字报、大串联，就什么事也干不成，有的人还会因此犯错误，甚至会受到司法部门处理，毁掉自己的前途。高等学校是一个特殊的群体，高校一旦出现不稳定还会把简单问题复杂化、局部问题社会化，波及社会，影响到整个社会的稳定。所以我们一定要提高对维护稳定的重要性的认识，树立良好的维护稳定意识，克服稳定与己无关的错误思想，把维护稳定当做头等大事来做。

一、构建和谐校园的意义

学校，特别是高等学校，是培养人才、传承文明的专业场所，是构建和谐社会的重要阵地。构建和谐校园，不仅有利于促进学生的健康成长，培养造就德、智、体、美全面发展的社会主义事业合格建设者和可靠接班人，而且是办好人民满意教育的客观需要。构建和谐校园的目的，就是要把学校建设成为安定团结、规范有序、协调发展、充满活力的校园，建设成为师生员工安居乐业、文明健康、成功成才、兴业创业的美好家园。建设和谐校园对和谐社会建设和学校的科学发展具有十分重要的现实意义。

1. 建设和谐校园是落实以人为本的科学发展观的内在要求

以人为本，是高等教育科学发展观的价值内核，是构建和谐校园的本质要求。坚持以人为本，就是要以科学发展观为统领，要把人的全面健康发展作为根本的出发点和落脚点，让每个人的创造力和价值得到充分体现；就是要充分体现人文关怀，真正地关心人、尊重人，坚持以学生为本、以教师为本，坚持师生利益高于一切，一切为了师生的全面发展，努力营造使师生身心愉悦的物质和精神环境。

2. 建设和谐校园是全面建设和谐社会的必然要求

建设和谐校园与建设和谐社会，两者相辅相成、缺一不可。和谐社会与和谐校园是整体与部分的关系，整体离不开部分，部分存在于整体之中。校园和谐是社会和谐的重要组成部分，不仅为培养社会主义合格建设者和可靠接班人提供强大的支持，而且对和谐社会建设具有引领、示范和推动作用，

成为建设和谐社会的重要基地、示范区和辐射源。因此,学校在构建民主法制、公平正义、诚信友爱、充满活力、安定有序、人与自然和谐相处的和谐社会过程中,应该率先垂范。同时,和谐社会的构建,为和谐校园建设提供了持续的动力和良好的外部环境。建设和谐校园,实行和谐教育,能培养造就社会需要的各种和谐发展的人,即为和谐社会的发展提供人才智力支持和就业技术支持,从而促进整个社会的和谐发展。社会的和谐发展、教育的和谐发展与人的和谐发展是一个不可分割的统一整体。构建和谐校园,实施和谐教育,既是建设和谐社会的主要目标之一,也是建设和谐社会的重要手段,必然会对和谐社会的建设发展产生积极的推动作用。

3. 建设和谐校园是培养高素质人才和可靠接班人的现实需要

和谐的校园环境能培养学生的美德,促进学生的健康成长和全面发展,这正是培养高素质人才的必要环境。只有建设和谐的校园环境,才能使学校的组织效能得到充分发挥,才能为学校和学生的发展注入新的活力,才能充分激发全体教职员工"教书育人、管理育人、服务育人"的积极性和创造性,全面调动学生自主学习、创新思维的主动性,从而达到全面提高教育教学质量、促进师生身心健康发展的良好局面,才能使学生在学习科技文化、掌握知识技能的同时,更好地陶冶情操,培养良好的行为,最终成为现代化建设的高素质人才。因此,构建和谐校园,既是全面落实科学发展观、建设和谐社会、推动学校内部协调发展的现实需要,也是培养社会主义合格建设者和可靠接班人义不容辞的政治责任。

4. 建设和谐校园是促进学校健康快速发展的根本保证

和谐校园的构建,首先有利于正确处理学校内部规模、结构、质量、效益之间的矛盾,合理协调不同利益群体之间的关系,有效整合学校内部各种力量和资源,形成全体教职工各尽所能、各得其所而又和谐相处的良好环境,为学校可持续发展提供强大动力和有力保障。其次,有利于维护校园的安全稳定。维护学校稳定,保持安定团结的局面,是全体师生的共同愿望,是维持正常教学秩序的重要保障,是做好各项工作的重要前提。只有构建和谐校园,才能正确引导和处理各种矛盾,妥善解决发展中出现的各种问题,积极消除各种不利于学校稳定的因素,形成平等友爱、融洽和谐的人际关系,才能使在校园学习、工作和生活的每个人获得人身和财产的安全与保障,使广大师生员工一心一意干事业、求发展。再次,有利于增强校园的创新能力。创新能力是学校的生命力,和谐的校园环境是增强学校创新能力的重要保障。只有在和谐的环境里,学生学的积极性、教师教的积极性、干部和职工工作的积极性才能得到充分调动,这是办好学校、促进学校可持续发展的必要条件。只有这样,教师的创造性才能得到尊重和保护,学生的个性特长才能得到承认和发挥,学校的创新能力才能不断增强,学校的发展步伐才能加快。因此,和谐能够凝聚人心,和谐能够团结力量,和谐能够促进学校健康快速的发展。

二、大学生在构建和谐校园中应发挥的作用

1. 身体力行,努力维护校园稳定

校园的稳定是学校进行正常教学和科研的前提条件,只有稳定的校园才能给同学提供一个良好的学习环境,因此,同学们应积极维护学校的稳定。

(1) 如果发现少数别有用心的人进行恶意煽动、制造事端、破坏学校稳定时,要及时向校保卫处反映情况,提供线索,及时打击违法犯罪分子的破坏活动。

(2) 当收到非法宣传品时,首先不要慌乱,其次不要在同学之间传播,应及时向学校有关部门反映,由学校保卫处统一收缴处理。

(3) 有的同学对学校教学或管理方面有意见,应通过正常途径、程序向学校有关方面积极反映,不能采取贴小字报、罢课、罢餐等过激行为。对于情绪过激的同学,应积极劝阻,权衡利害,提出忠告。

2. 遵纪守法,维护校园良好秩序

认真学习社会主义理想信念和社会主义荣辱观,牢固树立正确的世界观、人生观和价值观,增强明辨是非的能力,培养遵纪守法、崇尚美德的良好风气。增强自己的法制意识,遵守法律法规,成为学法、懂法、守法的新时期大学生。维护良好的校园秩序,爱护校园要从我做起,校园是我们共同的家,我们有义务为这个名字争光。在行为举止方面必须要严于律己,爱护学校的一砖一瓦、一草一木,自觉遵守学校的各项规章制度。勇于抵制不良风气、制止不良行为。对于破坏学校公物的现象要大胆制止,积极检举揭发,全力维护校园,使整个校园保持一种良好的教育教学和生活秩序。

3. 讲究公德,树立社会主义道德

社会公德是社会主义道德体系的基础,加强社会公德建设,形成良好的道德风尚是社会主义思想道德教育的重要内容。党的十四届六中全会通过的《中共中央关于加强社会主义精神文明建设若干重要问题的决议》指出,加强社会主义道德建设,要大力倡导文明礼貌、助人为乐、爱护公物、保护环境、遵纪守法的社会公德。同时提出了加强社会公德建设要遵循的基本原则,为社会公德建设指明了方向。社会公德,是指社会全体成员都必须遵守的维护

社会正常生活秩序的最基本的公共生活准则，是调节公共生活领域中人与人之间关系的行为规范。社会公德涉及人们社会生活的各个层面。它依靠社会舆论、习俗和人们信念的力量，调节人与人、人与社会、人与自然之间的关系，规范人们的言行，起着维护社会秩序稳定，促进社会风气好转的重要作用。

4. 乐于助人，发扬甘于奉献的精神

乐于助人，就是要关心人，体贴人。别人有困难，乐于帮助；同学之间有纠纷，热心调解；同学有缺点，能善意地指出等。能否做到这一点，是一个人心灵美丑的表现；能否形成这种社会风气，是社会文明程度高低的体现。建国几十年来，我们国家开展的救灾捐助活动、希望工程、助残活动等，以及雷锋、徐虎等一大批先进人物为他人排忧解难的模范事迹，无不体现了在社会主义社会里，人与人之间互相关心、互相帮助的高尚道德情操。服务社会，服务同学，服务他人，甘于奉献，乐于助人，不计个人得失，在奉献中体现自身价值，反对自私自利、损人利己。

5. 热爱集体，发挥集体主义精神

人的充分自由的发展，是时代进步的标志；每个人都充分张扬自己的个性，社会就充满朝气；但个性的张扬必须遵从社会公德、适应社会需要，必须有利于利益的实现和集体事业的发展。现在不少大学生都崇尚个性的发挥，我们也提倡、支持这一点，同时我们应该认识到大学生是属于学校这个集体的，更是属于社会这个大集体的。无论社会怎样发展，个人与集体、个人与社会都是密不可分的。个人是鱼，集体如水；个人是雄鹰，集体就是苍天；个人是树苗，集体就是土壤。个人的奋斗，离不开集体的事业，离不开集体的力量。无论从哪个角度来说，大学生都应该热爱集体，发扬集体主义精神。

附录 A

普通高等学校学生安全教育及管理暂行规定

教学 [1992] 7 号
(国家教育委员会 1992 年 4 月 15 日发布)

第一章 总则

第一条 为了加强高等学校管理，维护正常的教学和生活秩序，保障学生人身和财务的安全，促进身心健康发展，特制定本暂行规定。

第二条 高等学校学生安全教育及管理的主要任务是，宣传、贯彻国家有关安全管理工作的方针、政策、法律、法规，对学生实施安全教育及管理，妥善处理各类安全事故，引导学生健康成长。

第三条 高等学校学生安全教育及管理，要以预防为主，本着保护学生、教育先行、明确责任、教管结合、实事求是、妥善处理的原则，做好教育、管理和处理工作。

第四条 本暂行规定所称学生指在普通高等学校学习取得学籍的全日制学生，即按国家任务、用人单位委托培养、自费三种计划形式录取的学生。

第二章 安全教育

第五条 高等学校应将对学生进行安全教育作为一项经常性工作，列入学校工作的重要议事日程，加强领导。学校各部门和有关群众团体或组织要相互配合，积极开展安全教育，普及安全知识，增强学生的安全意识和法制观念，提高防范能力。

第六条 学生安全教育应根据不同专业及青年学生的特点，从学生入学到毕业，在各种教学活动和日常生活中，特别是节假日前适时进行，并善于利用发生的安全事故教育学生，防患于未然。

学校应根据环境、季节及有关规律进行防盗、防火、防特、防病、防事故等方面的教育，并使之经常化、制度化。

第七条 高等学校对学生进行安全教育须注重心理疏导，加强思想政治工作，教育学生注意保持健康的心理状态，帮助学生克服因各种原因造成的心理障碍，把事故消除在萌芽状态。

第三章 安全管理

第八条 高等学校要做好学生日常安全管理工作，加强安全防范，建立和健全规章制度，严格管理。学校要把安全教育及管理工作纳入领导任期的责任目标，落实到年级、班主任，学校应由一名校领导主要负责。

第九条 高等学校应确定学生安全教育及管理工作的主要部门，明确其职责，具体组织实施安全教育及其管理工作；各有关部门应分工协作，积极配合。

第十条 全体教职工要从关心学生、爱护学生出发，树立安全思想，努力做好本职工作和改善环境与条件，保护学生人身和财产安全。

第十一条 学生发生意外事故以及学生要求保护人身或财物安全等情况时，学校应迅速采取有效措施。

第十二条 学生必须严格遵守国家法律、法规和学校的各项规章制度，注意自身的人身和财物安全，防止各种事故的发生。

第十三条 学生在日常教学及各项活动中，应遵守纪律和有关规定，听从指导，服从管理；在公共场所，要遵守社会公德，增强安全防范意识，提高自我保护能力。

第十四条 学生组织集体课外活动，须经学校同意，按学校规定进行。学校须认真进行安全审查，条件不具备时不得批准。

第十五条 学生应严格遵守宿舍管理的规定，自觉维护宿舍的安全与卫生，提高自我管理能力。

第十六条 发现刑事、治安案件或交通、灾害等事故，在场学生应保护现场，及时报告学校或公安部门并协助处理。在学校范围内的，学校应迅速采取措施，控制事态发展，减轻伤害和损失。

第四章 事故处理

第十七条 学生人身和财产发生一般伤害后，学校要及时调查处理，根据当事人或他人的过错，责令其赔偿损失，并给予批评教育或相应的行政、纪律处分。

在校园内，发生学生非正常死亡、重伤或被窃、失火等造成财产重大损失的事故后，学校应迅速采取措施进行抢救、保护现场，同时加强思想政治工作，稳定情绪，恢复秩序，并协同地方有关部门妥善处理。

第十八条 学校对事故调查后认为涉及追究刑事责任的，要及时与公安部门联系，协助调查处理。

重大事故学校有关领导应亲自参与调查工作，并认真研究调查报告，及时处理。

第十九条 在安全管理或事故处理过程中，学校认为有必要需搜查学生住处，须报请公安部门依法进行。调查处理案件中要以事实为依据，不得逼供或诱供。

第二十条 重大事故发生后，学校应在一天内向所在省（自治区、直辖市）有关主管部门报告，并及时通知学生家长。事故处理结束后一周内书面报告有关主管部门。

第二十一条 学生在教学、实习过程与日常生活中，因学校或有关单位责任发生死亡、重伤或残疾，由学校或有关单位承担责任，做好处理及善后工作。

在教学、实习过程与日常生活中，学生因不遵守纪律或不按要求活动而发生意外事故，学校不承担责任。

第二十二条 因忽视安全生产，管理不善，工作不负责任，违章指挥，玩忽职守，徇私舞弊等对学生造成严重的人身、财物损害的，由其所在单位或上级主管部门，视具体情况对有关责任人员分别给予责令检查、赔偿损失、行政处分，直至依法追究刑事责任。

第二十三条 学生未经批准擅自离校不归发生意外事故的，学校不承担责任。

对擅自离校不归，学校不知去向的学生，学校应及时寻找并报告当地公安部门，及时通知学生家长。半月不归且未说明原因者，学校可张榜公布，按自动退学除名。

第二十四条 学生假期或办理离校手续后发生意外事故的，学校不承担责任。

第二十五条 在校内正常生活及由学校在校外组织的活动中，由于不能避免的原因或自然灾害而发生的事故，由学校视具体情况处理。

第二十六条 有条件的高等学校可为学生办理人身保险。

第二十七条 凡经学校指定的专业医院确认为神经病、癫痫病患者的学生，应予退学，由其监护人负责领回。学生及其监护人不得无理纠缠，扰乱学校教育、生活秩序。

第二十八条 因事故伤残的学生，经治疗后病情稳定，学校认为生活能自理，能坚持在校学习，可留校继续学习；不能坚持在校学习者，应予退学，由学校按其实际学习年限发给肄业证书，并根据事故性质和伤残程度一次性给予适当经济补助。退学学生回其监护人所在地，当地民政等有关部门应协助做好接收、落户等工作，由当地劳动部门按国家关于残疾人劳动就业有关规定安置。

第二十九条　学生因病死亡和责任不由学校承担的意外死亡，学校不承担丧葬费。如家庭确实有困难者，学校可酌情给予一次性经济补助。

第三十条　因责任不在本人的意外死亡学生，由学校或有关单位参照国家关于事业职工死亡丧葬有关规定处理，负担丧葬费的全部，学校可一次性给予适当经济补助。

无论何种情况（事故）给予的经济补助，一般不超过国家规定的学生在校期间（以四年计）的平均奖学金数。

凡是事故责任由学校以外的其他单位、个人承担的，学校不再给予经济补助。

第三十一条　因保护国家财产和他人人身安全，见义勇为而致残或英勇牺牲的学生，学校应报请所在省（自治区、直辖市）人民政府授予荣誉称号，并给予相应的待遇。

第三十二条　对事故处理不服或持有异议者，可向学校或学校上一级部门申诉，或者依法向人民法院提起民事诉讼。

第五章　附则

第三十三条　普通高等学校研究生事故处理，参照本办法执行。

第三十四条　本暂行规定结合《普通高等学校学生管理规定》《高等学校校园秩序管理若干规定》试行。

第三十五条　各省、自治区、直辖市教育行政部门和各高等学校可根据本暂行规定制定实施细则。

第三十六条　本暂行规定由国家教育委员会解释。

第三十七条　本暂行规定自发布之日起试行。

附录 B

高等学校校园秩序管理若干规定

国家教育委员会令第 13 号
(1990 年 9 月 18 日发布)

第一条 为了优化育人环境，加强高等学校校园管理，维护教学、科研、生活秩序和安定团结的局面，建立有利于培养社会主义现代化建设专门人才的校园秩序，制定本规定。

第二条 本规定所称的高等学校（以下简称"学校"）是指全日制普通高等学校和成人高等学校。

本规定所称的师生员工是指学校的教师（包括外籍教师）、学生（包括外国在华留学生）、教育教学辅助人员、管理人员和工勤人员。

第三条 学校的师生员工以及其他学校活动的人员都应当遵守本规定，维护宪法确立的根本制度和国家利益，维护学校的教学、科研秩序和生活秩序。

学校应当加强校园管理，采取措施，及时有效地预防和制止校园内的违反法律、法规、校规的活动。

第四条 学校应当尊重和维护师生员工的人身权利、政治权利、教育和受教育的权利以及法律规定的其他权利，依照法律不得限制、剥夺师生员工的权利。

第五条 进入学校的人员，必须持有本校的学生证、工作证、听课证或者学校颁发的其他进入学校的证章、证件。

未持有前款规定的证章、证件的国内人员进入学校，应当向学校门卫登记后进入学校。

第六条 国内新闻记者进入学校采访，必须持有记者证和采访介绍信，在通知学校有关机构后，方可进入学校采访。

外国新闻记者和港澳台新闻记者进入学校采访，必须持有学校所在省、自治区、直辖市人民政府外事机关或港澳台办的介绍信和记者证，并在进校采访前与学校外事机构联系，经许可后方可进入学校采访。

第七条 外国人、港澳台人员进入学校进行公务、业务活动，应当经过省、自治区、直辖市或者国务院有关部门同意并告知学校后，或按学术交流计划经学校主管领导研究同意后，方可进入学校。自行接受师生员工个人邀请进入学校探亲访友的外国人、港澳台人员，应当在学校外事机构或港澳台办批准后，方可进入学校。接受师生员工个人邀请进入学校探亲访友的外国人、港澳台人员，应当履行门卫登记手续后进入学校。

第八条　依照本规定第五条、第六条、第七条的规定进入学校的人员，应当遵守法律、法规、规章和学校的制度，不得从事与其身份不符的活动，不得危害校园治安。

对违反本规定的第五条、第六条、第七条和本条前款规定的人员，师生员工有权向学校保卫机构报告，学校保卫机构可以要求其说明情况或者责令其离开学校。

第九条　学生一般不得在学生宿舍留宿校外人员，遇有特殊情况留宿校外人员，应当报请学校有关机构许可，并且进行留宿登记。留宿人离校应注销登记，不得在学生宿舍内留宿异性。违反前款规定的，学校保卫机构可以责令留宿人离开学生宿舍。

第十条　告示、通知、启示、广告等，应当张贴在学校指定或者许可的地点，散发宣传品、印刷品应当经过学校有关机构同意。

对于张贴、散发反对我国宪法确立的根本制度、损害国家利益或者侮辱诽谤他人的公开张贴物、宣传品和印刷品的当事人，由司法机关依法追究其法律责任。

第十一条　在校园设置临时或者永久建筑物以及安装音响、广播、电视设施，设置者、安装者应当报请学校有关机构审批，未经批准不得擅自设置、安装。

师生员工或者有关团体、组织使用学校的广播、电视设施，必须报请学校有关机构批准，禁止任何组织或者个人擅自使用学校广播、电视设施。

在校内举行文化娱乐活动，不得干扰学校的教学、科研的生活秩序。

违反第一款、第二款、第三款规定的，学校有关机构可以劝其停止设置、安装或者停止活动，已经设置安装的，学校有关机构可以拆除，或者责令设置者、安装者拆除。

第十二条　在校内举行集会、讲演等公共活动，组织者必须在72小时前向学校有关机构提出申请，申请中应当说明活动的目的、人数、时间、地点和负责人的姓名。学校有关机构应当至迟在举行时间的4小时前将许可或者不许可的决定通知组织者。逾期未通知的，视为许可。

集会、讲演等应符合我国的教育方针和相应的法规、规章，不得反对我国宪法确立的根本制度，不得干扰学校的教学、科研和生活秩序，不得损害国家财产和其他公民的权利。

第十三条　在校内组织讲座、报告等室内活动，组织者应当在72小时前向学校有关机构提出申请，申请中应当说明活动的内容、报告人和负责人的姓名。学校有关机构应当至迟在举行时间的4小时前将许可或者不许可的决定通知组织者。逾期未通知的，视为许可。

讲座、报告等不得反对我国宪法确立的根本制度，不得违反我国的教育方针，不得宣传封建迷信，不得进行宗教活动，不得干扰学校的教学、科研和生活秩序。

第十四条　师生员工应当严格按照学校的安排进行教学、科研、生活和其他活动，任何人都不得破坏学校的教学、科研和生活秩序，不得阻止他人根据学校的安排进行教学、科研、生活和其他活动。

禁止师生员工赌博、酗酒、打架斗殴以及其他干扰学校的教学、科研和生活秩序的行为。

第十五条　师生员工组织社会团体，应当按照《社会团体登记管理条例》的规定办理。成立校内非社会团体的组织，应当在成立前由其组织者报请学校有关机构批准，未经批准不得成立和开展活动。

校内非社会团体的组织和校内报刊必须遵守法律、法规、规章，贯彻我国的教育方针和遵守学校的制度，接受学校的管理，不得进行超出其宗旨的活动。

第十六条　违反本规定第十二条、第十三条、第十四条和第十五条的规定的，学校有关机构可以责令其组织者以及其他当事人立即停止活动。

违反本规定第十二条第二款的规定，损害国家财产的，学校有关机构可以责令其赔偿损失。

第十七条　禁止无照人员在校园内经商。设在校园内的商业网点必须在指定地点经营。

违反前款规定的，学校有关机构可以责令其停止经商活动或者离开校园。

第十八条　对违反本规定，经过劝告、制止仍不改正的师生员工，学校可视情节给予行政处分或者纪律处分；属于违反治安管理行为的，由公安机关依法治理；情节严重构成犯罪的，由司法机关处理。

师生员工对学校的处分不服的，可以向有关教育行政部门提出申诉，教育行政部门应当在接到申诉的30日内作出处理决定。

对违反本规定，经劝告、制止仍不改正的校外人员，由公安、司法机关根据情节依法处理。

第十九条　各高等学校可以根据本规定制定具体管理制度。

第二十条　本规定自发布之日起施行。

附录 C

学生伤害事故处理办法

中华人民共和国教育部令第 12 号
(2002 年 6 月 25 日发布)

第一章 总则

第一条 为积极预防、妥善处理在校学生伤害事故,保护学生、学校的合法权益,根据《中华人民共和国教育法》《中华人民共和国未成年人保护法》和其他相关法律、行政法规及有关规定,制定本办法。

第二条 在学校实施的教育教学活动或者学校组织的校外活动中,以及在学校负有管理责任的校舍、场地、其他教育教学设施、生活设施内发生的,造成在校学生人身损害后果的事故的处理,适用本办法。

第三条 学生伤害事故应当遵循依法、客观公正、合理适当的原则,及时、妥善地处理。

第四条 学校的举办者应当提供符合安全标准的校舍、场地、其他教育教学设施和生活设施。

教育行政部门应当加强学校安全工作,指导学校落实预防学生伤害事故的措施,指导、协助学校妥善处理学生伤害事故,维护学校正常的教育教学秩序。

第五条 学校应当对在校学生进行必要的安全教育和自护自救教育;应当按照规定,建立健全安全制度,采取相应的管理措施,预防和消除教育教学环境中存在的安全隐患;当发生伤害事故时,应当及时采取措施救助受伤害学生。

学校对学生进行安全教育、管理和保护,应当针对学生年龄、认知能力和法律行为能力的不同,采用相应的内容和预防措施。

第六条 学生应当遵守学校的规章制度和纪律;在不同的受教育阶段,应当根据自身的年龄、认知能力和法律行为能力,避免和消除相应的危险。

第七条 未成年学生的父母或者其他监护人(以下称为监护人)应当依法履行监护职责,配合学校对学生进行安全教育、管理和保护工作。

学校对未成年学生不承担监护职责，但法律有规定的或者学校依法接受委托承担相应监护职责的情形除外。

第二章 事故与责任

第八条 学生伤害事故的责任，应当根据相关当事人的行为与损害后果之间的因果关系依法确定。

因学校、学生或者其他相关当事人的过错造成的学生伤害事故，相关当事人应当根据其行为过错程度的比例及其与损害后果之间的因果关系承担相应的责任。当事人的行为是损害后果发生的主要原因，应当承担主要责任；当事人的行为是损害后果发生的非主要原因，承担相应的责任。

第九条 因下列情形之一造成的学生伤害事故，学校应当依法承担相应的责任：

（一）学校的校舍、场地、其他公共设施，以及学校提供给学生使用的学具、教育教学和生活设施、设备不符合国家规定的标准，或者有明显不安全因素的；

（二）学校的安全保卫、消防、设施设备管理等安全管理制度有明显疏漏，或者管理混乱，存在重大安全隐患，而未及时采取措施的；

（三）学校向学生提供的药品、食品、饮用水等不符合国家或者行业的有关标准、要求的；

（四）学校组织学生参加教育教学活动或者校外活动，未对学生进行相应的安全教育，并未在可预见的范围内采取必要的安全措施的；

（五）学校指导教师或者其他工作人员患有不适宜担任教育教学工作的疾病，但未采取必要措施的；

（六）学校违反有关规定，组织或者安排未成年学生从事不宜未成年人参加的劳动、体育运动或者其他活动的；

（七）学生有特异体质或者特定疾病，不宜参加某种教育教学活动，学校知道或者应当知道，但未予以必要的注意的；

（八）学生在校期间突发疾病或者受到伤害，学校发现，但未根据实际情况及时采取相应措施，导致不良后果加重的；

（九）学校教师或者其他工作人员体罚或者变相体罚学生，或者在履行职责过程中违反工作要求、操作规程、职业道德或者其他有关规定的；

（十）学校教师或者其他工作人员在负有组织、管理未成年学生的职责期间，发现学生行为具有危险性，但未进行必要的管理、告诫或者制止的；

（十一）对未成年学生擅自离校等与学生人身安全直接相关的信息，学校发现或者知道，但未及时告知未成年学生的监护人，导致未成年学生因脱离监护人的保护而发生伤害的；

（十二）学校有未依法履行职责的其他情形的。

第十条 学生或者未成年学生监护人由于过错，有下列情形之一，造成学生伤害事故，应当依法承担相应的责任：

（一）学生违反法律法规的规定，违反社会公共行为准则、学校的规章制度或者纪律，实施按其年龄和认知能力应当知道具有危险或者可能危及他人的行为的；

（二）学生行为具有危险性，学校、教师已经告诫、纠正，但学生不听劝阻、拒不改正的；

（三）学生或者其监护人知道学生有特异体质，或者患有特定疾病，但未告知学校的；

（四）未成年学生的身体状况、行为、情绪等有异常情况，监护人知道或者已被学校告知，但未履行相应监护职责的；

（五）学生或者未成年学生监护人有其他过错的。

第十一条 学校安排学生参加活动，因提供场地、设备、交通工具、食品及其他消费与服务的经营者，或者学校以外的活动组织者的过错造成的学生伤害事故，有过错的当事人应当依法承担相应的责任。

第十二条 因下列情形之一造成的学生伤害事故，学校已履行了相应职责，行为并无不当的，无法律责任：

（一）地震、雷击、台风、洪水等不可抗的自然因素造成的；

（二）来自学校外部的突发性、偶发性侵害造成的；

（三）学生有特异体质、特定疾病或者异常心理状态，学校不知道或者难于知道的；

（四）学生自杀、自伤的；

（五）在对抗性或者具有风险性的体育竞赛活动中发生意外伤害的；

（六）其他意外因素造成的。

第十三条 下列情形下发生的造成学生人身损害后果的事故，学校行为并无不当的，不承担事故责任；事故责任应当按有关法律法规或者其他的有关规定认定：

（一）在学生自行上学、放学、返校、离校途中发生的；

（二）在学生自行外出或者擅自离校期间发生的；

（三）在放学后、节假日或者假期等学校工作时间以外，学生自行滞留学校或者自行到校发生的；

（四）其他在学校管理职责范围外发生的。

第十四条　因学校教师或者其他工作人员与其职务无关的个人行为，或者因学生、教师及其他个人故意实施的违法犯罪行为，造成学生人身损害的，由致害人依法承担相应的责任。

第三章　事故处理程序

第十五条　发生学生伤害事故，学校应当及时救助受伤害学生，并应当及时告知未成年学生的监护人；有条件的，应当采取紧急救援等方式救助。

第十六条　发生学生伤害事故，情形严重的，学生应当及时向主管教育行政部门及有关部门报告；属于重大伤亡事故的，教育行政部门应当按照有关规定及时向同级人民法院和上一级教育行政部门报告。

第十七条　学校的主管教育行政部门应学校要求或者认为必要，可以指导、协助学校进行事故的处理工作，尽快恢复学校正常的教育教学秩序。

第十八条　发生学生伤害事故，学校与受伤害学生或者学生家长可以通过协商方式解决；双方自愿，可以书面请求主管教育行政部门进行调解。

成年学生或者未成年学生的监护人也可以依法直接提起诉讼。

第十九条　教育行政部门收到调解申请，认为必要的，可以指定专门人员进行调解，并应当在受理申请之日起60日内完成调解。

第二十条　经教育行政部门调解，双方就事故处理达成一致意见的，应当在调解人员的见证下签订调解协议，结束调解；在调解期限内，双方不能达成一致意见，或者调解过程中一方提起诉讼，人民法院已经受理的，应当终止调解。

调解结束或者终止，教育行政部门应当书面通知当事人。

第二十一条　对经调解达成的协议，一方当事人不履行或者反悔的，双方可以依法提起诉讼。

第二十二条　事故处理结束，学校应当将事故处理结果书面报告主管的教育行政部门；重大伤亡事故的处理结果，学校主管的教育行政部门应当向同级人民政府和上一级教育行政部门报告。

第四章　事故损害的赔偿

第二十三条　对发生学生伤害事故负有责任的组织或者个人，应当按照法律法规的有关规定，承担相应的损害赔偿责任。

第二十四条　学生伤害事故赔偿的范围与标准，按照有关行政法规、地方性法规或者最高人民法院司法解释中的有关规定确定。

教育行政部门进行调解时,认为学校有责任的,可以依照有关法律法规及国家有关规定,提出相应的调解方案。

第二十五条 对受伤害学生的伤残程度存在争议的,可以委托当地具有相应鉴定资格的医院或者有关机构,依据国家规定的人体伤残标准进行鉴定。

第二十六条 学校对学生伤害事故负有责任的,根据责任大小,适当予以经济赔偿,但不承担解决户口、住房、就业等救助受伤害学生、赔偿相应经济损失无直接关系的其他事项。

学校无责任的,如果有条件,可以根据实际情况,本着自愿和可能的原则,对受伤害学生给予适当的帮助。

第二十七条 因学校教师或者其他工作人员在履行职务中的故意或者重大过失造成的学生伤害事故,学校予以赔偿后,可以向有关责任人员追偿。

第二十八条 未成年学生对学生伤害事故负有责任的,由其监护人依法承担相应的赔偿责任。

学生的行为侵害学校教师及其他工作人员以及其他组织、个人的合法权益,造成损失的,成年学生或者未成年学生的监护人应当依法予以赔偿。

第二十九条 根据双方达成的协议、经调节形成的协议或者人民法院的生效判决,应当由学校负担的赔偿金,学校应当负责筹措;学校无力完全筹措,由学校的主管部门或者举办者协助筹措。

第三十条 县级以上人民政府教育行政部门或者学校举办者有条件的,可以通过设立学生伤害赔偿准备金等多种形式,依法筹措伤害赔偿金。

第三十一条 学校有条件的,应当依据保险法的有关规定,参加学校责任保险。教育行政部门可以根据实际情况,鼓励中小学参加学校责任保险。

提倡学生自愿参加意外伤害保险。在尊重学生意愿的前提下,学校可以为学生参加意外伤害保险创造便利条件,但不得从中收取任何费用。

第五章 事故责任者的处理

第三十二条 发生学生伤害事故,学校负有责任且情节严重的,教育行政部门应当根据有关规定,对学校的直接负责的主管人员和其他直接责任人员,分别给予相应的行政处分;有关责任人的行为触犯刑律的,应当移送司法机关依法追究刑事责任。

第三十三条 学校管理混乱,存在重大安全隐患的,主管的教育行政部门或者其他有关部门应当责令其限期整顿;对情节严重或者拒不改正的,应当依据法律法规的有关规定,给予相应的行政处罚。

第三十四条 教育行政部门未履行相应职责,对学生伤害事故的发生负有责任的，由有关部门对直接负责的主管人员和其他直接责任人员分别给予相应的行政处分；有关负责人的行为触犯刑律的，应当移送司法机关依法追究刑事责任。

第三十五条　违反学校纪律，对造成学生伤害事故负有责任的学生，学校可以给予相应的处分；触犯刑律的，由司法机关依法追究刑事责任。

第三十六条　受伤害学生的监护人、亲属或者其他有关人员在事故处理过程中无理取闹，扰乱学校正常教育教学秩序，或者侵犯学校、学校教师或者其他工作人员的合法权益的，学校应当报告公安机关依法处理；造成损失的，可以依法要求赔偿。

第六章　附则

第三十七条　本办法所称学校，是指国家或者社会力量举办的全日制的中小学（含特殊教育学校）、各类中等职业学校、高等学校。

本办法所称学生是指在上述学校中全日制就读的受教育者。

第三十八条　幼儿园发生的幼儿伤害事故，应当根据幼儿为完全无行为能力人的特点，参照本办法处理。

第三十九条　其他教育机构发生的学生伤害事故，参照本办法处理。

在学校注册的其他受教育者在学校管理范围内发生的伤害事故，参照本办法处理。

第四十条　本办法自2002年9月1日起实施，原国家教委、教育部颁布的与学生人身安全事故处理有关的规定，与本办法不符的，以本办法为准。

在本办法实施之前已处理完毕的学生伤害事故不再重新处理。

附录 D

中华人民共和国治安管理处罚法

(2005年8月28日第十届全国人民代表大会
常务委员会第十七次会议通过)

目录

第一章　总则
第二章　处罚的种类和适用
第三章　违反治安管理的行为和处罚
　第一节　扰乱公共秩序的行为和处罚
　第二节　妨害公共安全的行为和处罚
　第三节　侵犯人身权利、财产权利的行为和处罚
　第四节　妨害社会管理的行为和处罚
第四章　处罚程序
　第一节　调查
　第二节　决定
　第三节　执行
第五章　执法监督
第六章　附则

第一章　总则

第一条　为维护社会治安秩序，保障公共安全，保护公民、法人和其他组织的合法权益，规范和保障公安机关及其人民警察依法履行治安管理职责，制定本法。

第二条　扰乱公共秩序，妨害公共安全，侵犯人身权利、财产权利，妨害社会管理，具有社会危害性，依照《中华人民共和国刑法》的规定构成犯罪的，依法追究刑事责任；尚不够刑事处罚的，由公安机关依照本法给予治安管理处罚。

第三条　治安管理处罚的程序，适用本法的规定；本法没有规定的，适用《中华人民共和国行政处罚法》的有关规定。

第四条　在中华人民共和国领域内发生的违反治安管理行为，除法律有特别规定的外，适用本法。

在中华人民共和国船舶和航空器内发生的违反治安管理行为，除法律有特别规定的外，适用本法。

第五条　治安管理处罚必须以事实为依据，与违反治安管理行为的性质、情节以及社会危害程度相当。

实施治安管理处罚，应当公开、公正，尊重和保障人权，保护公民的人格尊严。

办理治安案件应当坚持教育与处罚相结合的原则。

第六条　各级人民政府应当加强社会治安综合治理，采取有效措施，化解社会矛盾，增进社会和谐，维护社会稳定。

第七条　国务院公安部门负责全国的治安管理工作。县级以上地方各级人民政府公安机关负责本行政区域内的治安管理工作。

治安案件的管辖由国务院公安部门规定。

第八条　违反治安管理的行为对他人造成损害的，行为人或者其监护人应当依法承担民事责任。

第九条　对于因民间纠纷引起的打架斗殴或者损毁他人财物等违反治安管理行为，情节较轻的，公安机关可以调解处理。经公安机关调解，当事人达成协议的，不予处罚。经调解未达成协议或者达成协议后不履行的，公安机关应当依照本法的规定对违反治安管理行为人给予处罚，并告知当事人可以就民事争议依法向人民法院提起民事诉讼。

第二章　处罚的种类和适用

第十条　治安管理处罚的种类分为：

（一）警告；

（二）罚款；

（三）行政拘留；

（四）吊销公安机关发放的许可证。

对违反治安管理的外国人，可以附加适用限期出境或者驱逐出境。

第十一条　办理治安案件所查获的毒品、淫秽物品等违禁品，赌具、赌资，吸食、注射毒品的用具以及直接用于实施违反治安管理行为的本人所有的工具，应当收缴，按照规定处理。

违反治安管理所得的财物，追缴退还被侵害人；没有被侵害人的，登记造册，公开拍卖或者按照国家有关规定处理，所得款项上缴国库。

第十二条 已满十四周岁不满十八周岁的人违反治安管理的，从轻或者减轻处罚；不满十四周岁的人违反治安管理的，不予处罚，但是应当责令其监护人严加管教。

第十三条 精神病人在不能辨认或者不能控制自己行为的时候违反治安管理的，不予处罚，但是应当责令其监护人严加看管和治疗。间歇性的精神病人在精神正常的时候违反治安管理的，应当给予处罚。

第十四条 盲人或者又聋又哑的人违反治安管理的，可以从轻、减轻或者不予处罚。

第十五条 醉酒的人违反治安管理的，应当给予处罚。

醉酒的人在醉酒状态中，对本人有危险或者对他人的人身、财产或者公共安全有威胁的，应当对其采取保护性措施约束至酒醒。

第十六条 有两种以上违反治安管理行为的，分别决定，合并执行。行政拘留处罚合并执行的，最长不超过二十日。

第十七条 共同违反治安管理的，根据违反治安管理行为人在违反治安管理行为中所起的作用，分别处罚。

教唆、胁迫、诱骗他人违反治安管理的，按照其教唆、胁迫、诱骗的行为处罚。

第十八条 单位违反治安管理的，对其直接负责的主管人员和其他直接责任人员依照本法的规定处罚。其他法律、行政法规对同一行为规定给予单位处罚的，依照其规定处罚。

第十九条 违反治安管理有下列情形之一的，减轻处罚或者不予处罚：

（一）情节特别轻微的；

（二）主动消除或者减轻违法后果，并取得被侵害人谅解的；

（三）出于他人胁迫或者诱骗的；

（四）主动投案，向公安机关如实陈述自己的违法行为的；

（五）有立功表现的。

第二十条 违反治安管理有下列情形之一的，从重处罚：

（一）有较严重后果的；

（二）教唆、胁迫、诱骗他人违反治安管理的；

（三）对报案人、控告人、举报人、证人打击报复的；

（四）六个月内曾受过治安管理处罚的。

第二十一条 违反治安管理行为人有下列情形之一，依照本法应当给予行政拘留处罚的，不执行行政拘留处罚：

（一）已满十四周岁不满十六周岁的；

（二）已满十六周岁不满十八周岁，初次违反治安管理的；

（三）七十周岁以上的；

（四）怀孕或者哺乳自己不满一周岁婴儿的。

第二十二条　违反治安管理行为在六个月内没有被公安机关发现的，不再处罚。

前款规定的期限，从违反治安管理行为发生之日起计算；违反治安管理行为有连续或者继续状态的，从行为终了之日起计算。

第三章　违反治安管理的行为和处罚

第一节　扰乱公共秩序的行为和处罚

第二十三条　有下列行为之一的，处警告或者二百元以下罚款；情节较重的，处五日以上十日以下拘留，可以并处五百元以下罚款：

（一）扰乱机关、团体、企业、事业单位秩序，致使工作、生产、营业、医疗、教学、科研不能正常进行，尚未造成严重损失的；

（二）扰乱车站、港口、码头、机场、商场、公园、展览馆或者其他公共场所秩序的；

（三）扰乱公共汽车、电车、火车、船舶、航空器或者其他公共交通工具上的秩序的；

（四）非法拦截或者强登、扒乘机动车、船舶、航空器以及其他交通工具，影响交通工具正常行驶的；

（五）破坏依法进行的选举秩序的。

聚众实施前款行为的，对首要分子处十日以上十五日以下拘留，可以并处一千元以下罚款。

第二十四条　有下列行为之一，扰乱文化、体育等大型群众性活动秩序的，处警告或者二百元以下罚款；情节严重的，处五日以上十日以下拘留，可以并处五百元以下罚款：

（一）强行进入场内的；

（二）违反规定，在场内燃放烟花爆竹或者其他物品的；

（三）展示侮辱性标语、条幅等物品的；

（四）围攻裁判员、运动员或者其他工作人员的；

（五）向场内投掷杂物，不听制止的；

（六）扰乱大型群众性活动秩序的其他行为。

因扰乱体育比赛秩序被处以拘留处罚的，可以同时责令其十二个月内不得进入体育场馆观看同类比赛；违反规定进入体育场馆的，强行带离现场。

第二十五条　有下列行为之一的,处五日以上十日以下拘留,可以并处五百元以下罚款;情节较轻的,处五日以下拘留或者五百元以下罚款:

(一)散布谣言,谎报险情、疫情、警情或者以其他方法故意扰乱公共秩序的;

(二)投放虚假的爆炸性、毒害性、放射性、腐蚀性物质或者传染病病原体等危险物质扰乱公共秩序的;

(三)扬言实施放火、爆炸、投放危险物质扰乱公共秩序的。

第二十六条　有下列行为之一的,处五日以上十日以下拘留,可以并处五百元以下罚款;情节较重的,处十日以上十五日以下拘留,可以并处一千元以下罚款:

(一)结伙斗殴的;

(二)追逐、拦截他人的;

(三)强拿硬要或者任意损毁、占用公私财物的;

(四)其他寻衅滋事行为。

第二十七条　有下列行为之一的,处十日以上十五日以下拘留,可以并处一千元以下罚款;情节较轻的,处五日以上十日以下拘留,可以并处五百元以下罚款:

(一)组织、教唆、胁迫、诱骗、煽动他人从事邪教、会道门活动或者利用邪教、会道门、迷信活动,扰乱社会秩序、损害他人身体健康的;

(二)冒用宗教、气功名义进行扰乱社会秩序、损害他人身体健康活动的。

第二十八条　违反国家规定,故意干扰无线电业务正常进行的,或者对正常运行的无线电台(站)产生有害干扰,经有关主管部门指出后,拒不采取有效措施消除的,处五日以上十日以下拘留;情节严重的,处十日以上十五日以下拘留。

第二十九条　有下列行为之一的,处五日以下拘留;情节较重的,处五日以上十日以下拘留:

(一)违反国家规定,侵入计算机信息系统,造成危害的;

(二)违反国家规定,对计算机信息系统功能进行删除、修改、增加、干扰,造成计算机信息系统不能正常运行的;

(三)违反国家规定,对计算机信息系统中存储、处理、传输的数据和应用程序进行删除、修改、增加的;

(四)故意制作、传播计算机病毒等破坏性程序,影响计算机信息系统正常运行的。

第二节 妨害公共安全的行为和处罚

第三十条 违反国家规定，制造、买卖、储存、运输、邮寄、携带、使用、提供、处置爆炸性、毒害性、放射性、腐蚀性物质或者传染病病原体等危险物质的，处十日以上十五日以下拘留；情节较轻的，处五日以上十日以下拘留。

第三十一条 爆炸性、毒害性、放射性、腐蚀性物质或者传染病病原体等危险物质被盗、被抢或者丢失，未按规定报告的，处五日以下拘留；故意隐瞒不报的，处五日以上十日以下拘留。

第三十二条 非法携带枪支、弹药或者弩、匕首等国家规定的管制器具的，处五日以下拘留，可以并处五百元以下罚款；情节较轻的，处警告或者二百元以下罚款。

非法携带枪支、弹药或者弩、匕首等国家规定的管制器具进入公共场所或者公共交通工具的，处五日以上十日以下拘留，可以并处五百元以下罚款。

第三十三条 有下列行为之一的，处十日以上十五日以下拘留：

（一）盗窃、损毁油气管道设施、电力电信设施、广播电视设施、水利防汛工程设施或者水文监测、测量、气象测报、环境监测、地质监测、地震监测等公共设施的；

（二）移动、损毁国家边境的界碑、界桩以及其他边境标志、边境设施或者领土、领海标志设施的；

（三）非法进行影响国（边）界线走向的活动或者修建有碍国（边）境管理的设施的。

第三十四条 盗窃、损坏、擅自移动使用中的航空设施，或者强行进入航空器驾驶舱的，处十日以上十五日以下拘留。

在使用中的航空器上使用可能影响导航系统正常功能的器具、工具，不听劝阻的，处五日以下拘留或者五百元以下罚款。

第三十五条 有下列行为之一的，处五日以上十日以下拘留，可以并处五百元以下罚款。情节较轻的，处五日以下拘留或者五百元以下罚款：

（一）盗窃、损毁或者擅自移动铁路设施、设备、机车车辆配件或者安全标志的；

（二）在铁路线路上放置障碍物，或者故意向列车投掷物品的；

（三）在铁路线路、桥梁、涵洞处挖掘坑穴、采石取沙的；

（四）在铁路线路上私设道口或者平交过道的。

第三十六条 擅自进入铁路防护网或者火车来临时在铁路线路上行走坐卧、抢越铁路，影响行车安全的，处警告或者二百元以下罚款。

第三十七条 有下列行为之一的,处五日以下拘留或者五百元以下罚款;情节严重的,处五日以上十日以下拘留,可以并处五百元以下罚款:

(一)未经批准,安装、使用电网的,或者安装、使用电网不符合安全规定的;

(二)在车辆、行人通行的地方施工,对沟井坎穴不设覆盖物、防围和警示标志的,或者故意损毁、移动覆盖物、防围和警示标志的;

(三)盗窃、损毁路面井盖、照明等公共设施的。

第三十八条 举办文化、体育等大型群众性活动,违反有关规定,有发生安全事故危险的,责令停止活动,立即疏散;对组织者处五日以上十日以下拘留,并处二百元以上五百元以下罚款;情节较轻的,处五日以下拘留或者五百元以下罚款。

第三十九条 旅馆、饭店、影剧院、娱乐场、运动场、展览馆或者其他供社会公众活动的场所的经营管理人员,违反安全规定,致使该场所有发生安全事故的危险,经公安机关责令改正,拒不改正的,处五日以下拘留。

第三节 侵犯人身权利、财产权利的行为和处罚

第四十条 有下列行为之一的,处十日以上十五日以下拘留,并处五百元以上一千元以下罚款;情节较轻的,处五日以上十日以下拘留,并处二百元以上五百元以下罚款:

(一)组织、胁迫、诱骗不满十六周岁的人或者残疾人进行恐怖、残忍表演的;

(二)以暴力、威胁或者其他手段强迫他人劳动的;

(三)非法限制他人人身自由、非法侵入他人住宅或者非法搜查他人身体的。

第四十一条 胁迫、诱骗或者利用他人乞讨的,处十日以上十五日以下拘留,可以并处一千元以下罚款。

反复纠缠、强行讨要或者以其他滋扰他人的方式乞讨的,处五日以下拘留或者警告。

第四十二条 有下列行为之一的,处五日以下拘留或者五百元以下罚款;情节较重的,处五日以上十日以下拘留,可以并处五百元以下罚款:

(一)写恐吓信或者以其他方法威胁他人人身安全的;

(二)公然侮辱他人或者捏造事实诽谤他人的;

(三)捏造事实诬告陷害他人,企图使他人受到刑事追究或者受到治安管理处罚的;

(四)对证人及其近亲属进行威胁、侮辱、殴打或者打击报复的;

（五）多次发送淫秽、侮辱、恐吓或者其他信息，干扰他人正常生活的；

（六）偷窥、偷拍、窃听、散布他人隐私的。

第四十三条　殴打他人的，或者故意伤害他人身体的，处五日以上十日以下拘留，并处二百元以上五百元以下罚款；情节较轻的，处五日以下拘留或者五百元以下罚款。

有下列情形之一的，处十日以上十五日以下拘留，并处五百元以上一千元以下罚款：

（一）结伙殴打、伤害他人的；

（二）殴打、伤害残疾人、孕妇、不满十四周岁的人或者六十周岁以上的人的；

（三）多次殴打、伤害他人或者一次殴打、伤害多人的。

第四十四条　猥亵他人的，或者在公共场所故意裸露身体，情节恶劣的，处五日以上十日以下拘留；猥亵智力残疾人、精神病人、不满十四周岁的人或者有其他严重情节的，处十日以上十五日以下拘留。

第四十五条　有下列行为之一的，处五日以下拘留或者警告：

（一）虐待家庭成员，被虐待人要求处理的；

（二）遗弃没有独立生活能力的被扶养人的。

第四十六条　强买强卖商品，强迫他人提供服务或者强迫他人接受服务的，处五日以上十日以下拘留，并处二百元以上五百元以下罚款；情节较轻的，处五日以下拘留或者五百元以下罚款。

第四十七条　煽动民族仇恨、民族歧视，或者在出版物、计算机信息网络中刊载民族歧视、侮辱内容的，处十日以上十五日以下拘留，可以并处一千元以下罚款。

第四十八条　冒领、隐匿、毁弃、私自开拆或者非法检查他人邮件的，处五日以下拘留或者五百元以下罚款。

第四十九条　盗窃、诈骗、哄抢、抢夺、敲诈勒索或者故意损毁公私财物的，处五日以上十日以下拘留，可以并处五百元以下罚款；情节较重的，处十日以上十五日以下拘留，可以并处一千元以下罚款。

　　　　　　　　第四节　妨害社会管理的行为和处罚

第五十条　有下列行为之一的，处警告或者二百元以下罚款；情节严重的，处五日以上十日以下拘留，可以并处五百元以下罚款：

（一）拒不执行人民政府在紧急状态情况下依法发布的决定、命令的；

（二）阻碍国家机关工作人员依法执行职务的；

（三）阻碍执行紧急任务的消防车、救护车、工程抢险车、警车等车辆通行的；

（四）强行冲闯公安机关设置的警戒带、警戒区的。

阻碍人民警察依法执行职务的，从重处罚。

第五十一条　冒充国家机关工作人员或者以其他虚假身份招摇撞骗的，处五日以上十日以下拘留，可以并处五百元以下罚款；情节较轻的，处五日以下拘留或者五百元以下罚款。

冒充军警人员招摇撞骗的，从重处罚。

第五十二条　有下列行为之一的，处十日以上十五日以下拘留，可以并处一千元以下罚款；情节较轻的，处五日以上十日以下拘留，可以并处五百元以下罚款：

（一）伪造、变造或者买卖国家机关、人民团体、企业、事业单位或者其他组织的公文、证件、证明文件、印章的；

（二）买卖或者使用伪造、变造的国家机关、人民团体、企业、事业单位或者其他组织的公文、证件、证明文件的；

（三）伪造、变造、倒卖车票、船票、航空客票、文艺演出票、体育比赛入场券或者其他有价票证、凭证的；

（四）伪造、变造船舶户牌，买卖或者使用伪造、变造的船舶户牌，或者涂改船舶发动机号码的。

第五十三条　船舶擅自进入、停靠国家禁止、限制进入的水域或者岛屿的，对船舶负责人及有关责任人员处五百元以上一千元以下罚款；情节严重的，处五日以下拘留，并处五百元以上一千元以下罚款。

第五十四条　有下列行为之一的，处十日以上十五日以下拘留，并处五百元以上一千元以下罚款；情节较轻的，处五日以下拘留或者五百元以下罚款：

（一）违反国家规定，未经注册登记，以社会团体名义进行活动，被取缔后，仍进行活动的；

（二）被依法撤销登记的社会团体，仍以社会团体名义进行活动的；

（三）未经许可，擅自经营按照国家规定需要由公安机关许可的行业的。

有前款第三项行为的，予以取缔。

取得公安机关许可的经营者，违反国家有关管理规定，情节严重的，公安机关可以吊销许可证。

第五十五条　煽动、策划非法集会、游行、示威，不听劝阻的，处十日以上十五日以下拘留。

第五十六条　旅馆业的工作人员对住宿的旅客不按规定登记姓名、身份证件种类和号码的，或者明知住宿的旅客将危险物质带入旅馆，不予制止的，处二百元以上五百元以下罚款。

旅馆业的工作人员明知住宿的旅客是犯罪嫌疑人员或者被公安机关通缉的人员，不向公安机关报告的，处二百元以上五百元以下罚款；情节严重的，处五日以下拘留，可以并处五百元以下罚款。

第五十七条　房屋出租人将房屋出租给无身份证件的人居住的，或者不按规定登记承租人姓名、身份证件种类和号码的，处二百元以上五百元以下罚款。

房屋出租人明知承租人利用出租房屋进行犯罪活动，不向公安机关报告的，处二百元以上五百元以下罚款；情节严重的，处五日以下拘留，可以并处五百元以下罚款。

第五十八条　违反关于社会生活噪声污染防治的法律规定，制造噪声干扰他人正常生活的，处警告；警告后不改正的，处二百元以上五百元以下罚款。

第五十九条　有下列行为之一的，处五百元以上一千元以下罚款；情节严重的，处五日以上十日以下拘留，并处五百元以上一千元以下罚款：

（一）典当业工作人员承接典当的物品，不查验有关证明、不履行登记手续，或者明知是违法犯罪嫌疑人、赃物，不向公安机关报告的；

（二）违反国家规定，收购铁路、油田、供电、电信、矿山、水利、测量和城市公用设施等废旧专用器材的；

（三）收购公安机关通报寻查的赃物或者有赃物嫌疑的物品的；

（四）收购国家禁止收购的其他物品的。

第六十条　有下列行为之一的，处五日以上十日以下拘留，并处二百元以上五百元以下罚款：

（一）隐藏、转移、变卖或者损毁行政执法机关依法扣押、查封、冻结的财物的；

（二）伪造、隐匿、毁灭证据或者提供虚假证言、谎报案情，影响行政执法机关依法办案的；

（三）明知是赃物而窝藏、转移或者代为销售的；

（四）被依法执行管制、剥夺政治权利或者在缓刑、保外就医等监外执行中的罪犯或者被依法采取刑事强制措施的人，有违反法律、行政法规和国务院公安部门有关监督管理规定的行为。

第六十一条　协助组织或者运送他人偷越国（边）境的，处十日以上十五日以下拘留，并处一千元以上五千元以下罚款。

第六十二条 为偷越国（边）境人员提供条件的，处五日以上十日以下拘留，并处五百元以上两千元以下罚款。

偷越国（边）境的，处五日以下拘留或者五百元以下罚款。

第六十三条 有下列行为之一的，处警告或者二百元以下罚款；情节较重的，处五日以上十日以下拘留，并处二百元以上五百元以下罚款：

（一）刻划、涂污或者以其他方式故意损坏国家保护的文物、名胜古迹的；

（二）违反国家规定，在文物保护单位附近进行爆破、挖掘等活动，危及文物安全的。

第六十四条 有下列行为之一的，处五百元以上一千元以下罚款；情节严重的，处十日以上十五日以下拘留，并处五百元以上一千元以下罚款：

（一）偷开他人机动车的；

（二）未取得驾驶证驾驶或者偷开他人航空器、机动船舶的。

第六十五条 有下列行为之一的，处五日以上十日以下拘留；情节严重的，处十日以上十五日以下拘留，可以并处一千元以下罚款：

（一）故意破坏、污损他人坟墓或者毁坏、丢弃他人尸骨、骨灰的；

（二）在公共场所停放尸体或者因停放尸体影响他人正常生活、工作秩序，不听劝阻的。

第六十六条 卖淫、嫖娼的，处十日以上十五日以下拘留，可以并处五千元以下罚款；情节较轻的，处五日以下拘留或者五百元以下罚款。

在公共场所拉客招嫖的，处五日以下拘留或者五百元以下罚款。

第六十七条 引诱、容留、介绍他人卖淫的，处十日以上十五日以下拘留，可以并处五千元以下罚款；情节较轻的，处五日以下拘留或者五百元以下罚款。

第六十八条 制作、运输、复制、出售、出租淫秽的书刊、图片、影片、音像制品等淫秽物品或者利用计算机信息网络、电话以及其他通信工具传播淫秽信息的，处十日以上十五日以下拘留，可以并处三千元以下罚款；情节较轻的，处五日以下拘留或者五百元以下罚款。

第六十九条 有下列行为之一的，处十日以上十五日以下拘留，并处五百元以上一千元以下罚款：

（一）组织播放淫秽音像的；

（二）组织或者进行淫秽表演的；

（三）参与聚众淫乱活动的。

明知他人从事前款活动，为其提供条件的，依照前款的规定处罚。

第七十条　以营利为目的，为赌博提供条件的，或者参与赌博赌资较大的，处五日以下拘留或者五百元以下罚款；情节严重的，处十日以上十五日以下拘留，并处五百元以上三千元以下罚款。

第七十一条　有下列行为之一的，处十日以上十五日以下拘留，可以并处三千元以下罚款；情节较轻的，处五日以下拘留或者五百元以下罚款：

（一）非法种植罂粟不满五百株或者其他少量毒品原植物的；

（二）非法买卖、运输、携带、持有少量未经灭活的罂粟等毒品源植物种子或者幼苗的；

（三）非法运输、买卖、储存、使用少量罂粟壳的。

有前款第一项行为，在成熟前自行铲除的，不予处罚。

第七十二条　有下列行为之一的，处十日以上十五日以下拘留，可以并处两千元以下罚款；情节较轻的，处五日以下拘留或者五百元以下罚款：

（一）非法持有鸦片不满二百克、海洛因或者甲基苯丙胺不满十克或者其他少量毒品的；

（二）向他人提供毒品的；

（三）吸食、注射毒品的；

（四）胁迫、欺骗医务人员开具麻醉药品、精神药品的。

第七十三条　教唆、引诱、欺骗他人吸食、注射毒品的，处十日以上十五日以下拘留，并处五百元以上两千元以下罚款。

第七十四条　旅馆业、饮食服务业、文化娱乐业、出租汽车业等单位的人员，在公安机关查处吸毒、赌博、卖淫、嫖娼活动时，为违法犯罪行为人通风报信的，处十日以上十五日以下拘留。

第七十五条　饲养动物，干扰他人正常生活的，处警告；警告后不改正的，或者放任动物恐吓他人的，处二百元以上五百元以下罚款。

驱使动物伤害他人的，依照本法第四十三条第一款的规定处罚。

第七十六条　有本法第六十七条、第六十八条、第七十条的行为，屡教不改的，可以按照国家规定采取强制性教育措施。

第四章　处罚程序

第一节　调查

第七十七条　公安机关对报案、控告、举报或者违反治安管理行为人主动投案，以及其他行政主管部门、司法机关移送的违反治安管理案件，应当及时受理，并进行登记。

第七十八条　公安机关受理报案、控告、举报、投案后，认为属于违反治安管理行为的,应当立即进行调查;认为不属于违反治安管理行为的,应当告知报案人、控告人、举报人、投案人,并说明理由。

第七十九条 公安机关及其人民警察对治安案件的调查,应当依法进行。严禁刑讯逼供或者采用威胁、引诱、欺骗等非法手段搜集证据。

以非法手段收集的证据不得作为处罚的根据。

第八十条 公安机关及其人民警察在办理治安案件时,对涉及的国家秘密、商业秘密或者个人隐私,应当予以保密。

第八十一条 人民警察在办理治安案件过程中,遇有下列情形之一的,应当回避;违反治安管理行为人、被侵害人或者其法定代理人也有权要求他们回避:

(一)是本案当事人或者当事人的近亲属的;

(二)本人或者其近亲属与本案有利害关系的;

(三)与本案当事人有其他关系,可能影响案件公正处理的。

人民警察的回避,由其所属的公安机关决定;公安机关负责人的回避,由上一级公安机关决定。

第八十二条 需要传唤违反治安管理行为人接受调查的,经公安机关办案部门负责人批准,使用传唤证传唤。对现场发现的违反治安管理行为人,人民警察经出示工作证件,可以口头传唤,但应当在询问笔录中注明。

公安机关应当将传唤的原因和依据告知被传唤人。对无正当理由不接受传唤或者逃避传唤的人,可以强制传唤。

第八十三条 对违反治安管理行为人,公安机关传唤后应当及时询问查证,询问查证的时间不得超过八小时;情况复杂,依照本法规定可能适用行政拘留处罚的,询问查证的时间不得超过二十四小时。

公安机关应当及时将传唤的原因和处所通知被传唤人家属。

第八十四条 询问笔录应当交被询问人核对;对没有阅读能力的,应当向其宣读。记载有遗漏或者差错的,被询问人可以提出补充或者更正。被询问人确认笔录无误后,应当签名或者盖章,询问的人民警察也应当在笔录上签名。

被询问人要求就被询问事项自行提供书面材料的,应当准许;必要时,人民警察也可以要求被询问人自行书写。

询问不满十六周岁的违反治安管理行为人,应当通知其父母或者其他监护人到场。

第八十五条 人民警察询问被侵害人或者其他证人,可以到其所在单位或者住处进行;必要时,也可以通知其到公安机关提供证言。

人民警察在公安机关以外询问被侵害人或者其他证人,应当出示工作证件。

询问被侵害人或者其他证人,同时适用本法第八十四条的规定。

第八十六条　询问聋哑的违反治安管理行为人、被侵害人或者其他证人,应当有通晓手语的人提供帮助,并在笔录上注明。

询问不通晓当地通用的语言文字的违反治安管理行为人、被侵害人或者其他证人,应当配备翻译人员,并在笔录上注明。

第八十七条　公安机关对与违反治安管理行为有关的场所、物品、人身可以进行检查。检查时,人民警察不得少于二人,并应当出示工作证件和县级以上人民政府公安机关开具的检查证明文件。对确有必要立即进行检查的,人民警察经出示工作证件,可以当场检查,但检查公民住所应当出示县级以上人民政府公安机关开具的检查证明文件。

检查妇女的身体,应当由女性工作人员进行。

第八十八条　检查的情况应当制作检查笔录,由检查人、被检查人和见证人签名或者盖章;被检查人拒绝签名的,人民警察应当在笔录上注明。

第八十九条　公安机关办理治安案件,对与案件有关的需要作为证据的物品,可以扣押;对被侵害人或者善意第三人合法占有的财产,不得扣押,应当予以登记。对与案件无关的物品,不得扣押。

对扣押的物品,应当会同在场见证人和被扣押物品持有人查点清楚,当场开列清单一式两份,由调查人员、见证人和持有人签名或者盖章,一份交给持有人,另一份附卷备查。

对扣押的物品,应当妥善保管,不得挪作他用;对不宜长期保存的物品,按照有关规定处理。经查明与案件无关的,应当及时退还;经核实属于他人合法财产的,应当登记后立即退还;满六个月无人对该财产主张权利或者无法查清权利人的,应当公开拍卖或者按照国家有关规定处理,所得款项上缴国库。

第九十条　为了查明案情,需要解决案件中有争议的专门性问题的,应当指派或者聘请具有专门知识的人员进行鉴定;鉴定人鉴定后,应当写出鉴定意见,并且签名。

第二节　决定

第九十一条　治安管理处罚由县级以上人民政府公安机关决定;其中警告、五百元以下的罚款可以由公安派出所决定。

第九十二条　对决定给予行政拘留处罚的人,在处罚前已经采取强制措施限制人身自由的时间,应当折抵。限制人身自由一日,折抵行政拘留一日。

第九十三条　公安机关查处治安案件，对没有本人陈述，但其他证据能够证明案件事实的，可以作出治安管理处罚决定。但是，只有本人陈述，没有其他证据证明的，不能作出治安管理处罚决定。

第九十四条　公安机关作出治安管理处罚决定前，应当告知违反治安管理行为人作出治安管理处罚的事实、理由及依据，并告知违反治安管理行为人依法享有的权利。

违反治安管理行为人有权陈述和申辩。公安机关必须充分听取违反治安管理行为人的意见，对违反治安管理行为人提出的事实、理由和证据，应当进行复核；违反治安管理行为人提出的事实、理由或者证据成立的，公安机关应当采纳。

公安机关不得因违反治安管理行为人的陈述、申辩而加重处罚。

第九十五条　治安案件调查结束后，公安机关应当根据不同情况，分别作出以下处理：

（一）确有依法应当给予治安管理处罚的违法行为的，根据情节轻重及具体情况，作出处罚决定；

（二）依法不予处罚的，或者违法事实不能成立的，作出不予处罚决定；

（三）违法行为已涉嫌犯罪的，移送主管机关依法追究刑事责任；

（四）发现违反治安管理行为人有其他违法行为的，在对违反治安管理行为作出处罚决定的同时，通知有关行政主管部门处理。

第九十六条　公安机关作出治安管理处罚决定的，应当制作治安管理处罚决定书。决定书应当载明下列内容：

（一）被处罚人的姓名、性别、年龄、身份证件的名称和号码、住址；

（二）违法事实和证据；

（三）处罚的种类和依据；

（四）处罚的执行方式和期限；

（五）对处罚决定不服，申请行政复议、提起行政诉讼的途径和期限；

（六）作出处罚决定的公安机关的名称和作出决定的日期。

决定书应当由作出处罚决定的公安机关加盖印章。

第九十七条　公安机关应当向被处罚人宣告治安管理处罚决定书，并当场交付被处罚人；无法当场向被处罚人宣告的，应当在二日内送达被处罚人。决定给予行政拘留处罚的，应当及时通知被处罚人的家属。

有被侵害人的，公安机关应当将决定书副本抄送被侵害人。

第九十八条　公安机关作出吊销许可证以及处二千元以上罚款的治安管理处罚决定前，应当告知违反治安管理行为人有权要求举行听证；违反治安管理行为人要求听证的，公安机关应当及时依法举行听证。

第九十九条　公安机关办理治安案件的期限，自受理之日起不得超过三十日；案情重大、复杂的，经上一级公安机关批准，可以延长三十日。

为了查明案情进行鉴定的期间，不计入办理治安案件的期限。

第一百条　违反治安管理行为事实清楚，证据确凿，处警告或者两百元以下罚款的，可以当场作出治安管理处罚决定。

第一百零一条　当场作出治安管理处罚决定的，人民警察应当向违反治安管理行为人出示工作证件，并填写处罚决定书。处罚决定书应当当场交付被处罚人；有被侵害人的，并将决定书副本抄送被侵害人。

前款规定的处罚决定书，应当载明被处罚人的姓名、违法行为、处罚依据、罚款数额、时间、地点以及公安机关名称，并由经办的人民警察签名或者盖章。

当场作出治安管理处罚决定的，经办的人民警察应当在二十四小时内报所属公安机关备案。

第一百零二条　被处罚人对治安管理处罚决定不服的，可以依法申请行政复议或者提起行政诉讼。

第三节　执行

第一百零三条　对被决定给予行政拘留处罚的人，由作出决定的公安机关送达拘留所执行。

第一百零四条　受到罚款处罚的人应当自收到处罚决定书之日起十五日内，到指定的银行缴纳罚款。但是，有下列情形之一的，人民警察可以当场收缴罚款：

（一）被处五十元以下罚款，被处罚人对罚款无异议的；

（二）在边远、水上、交通不便地区，公安机关及其人民警察依照本法的规定作出罚款决定后，被处罚人向指定的银行缴纳罚款确有困难，经被处罚人提出的；

（三）被处罚人在当地没有固定住所，不当场收缴事后难以执行的。

第一百零五条　人民警察当场收缴的罚款，应当自收缴罚款之日起二日内，交至所属的公安机关；在水上、旅客列车上当场收缴的罚款，应当自抵岸或者到站之日起二日内，交至所属的公安机关；公安机关应当自收到罚款之日起二日内将罚款缴付指定的银行。

第一百零六条　人民警察当场收缴罚款的，应当向被处罚人出具省、自治区、直辖市人民政府财政部门统一制发的罚款收据；不出具统一制发的罚款收据的，被处罚人有权拒绝缴纳罚款。

第一百零七条　被处罚人不服行政拘留处罚决定,申请行政复议、提起行政诉讼的,可以向公安机关提出暂缓执行行政拘留的申请。公安机关认为暂缓执行行政拘留不致发生社会危险的,由被处罚人或者其近亲属提出符合本法第一百零八条规定条件的担保人,或者按每日行政拘留二百元的标准交纳保证金,行政拘留的处罚决定暂缓执行。

第一百零八条　担保人应当符合下列条件:
(一)与本案无牵连;
(二)享有政治权利,人身自由未受到限制;
(三)在当地有常住户口和固定住所;
(四)有能力履行担保义务。

第一百零九条　担保人应当保证被担保人不逃避行政拘留处罚的执行。

担保人不履行担保义务,致使被担保人逃避行政拘留处罚的执行的,由公安机关对其处三千元以下罚款。

第一百一十条　被决定给予行政拘留处罚的人交纳保证金,暂缓行政拘留后,逃避行政拘留处罚的执行的,保证金予以没收并上缴国库,已经作出的行政拘留决定仍应执行。

第一百一十一条　行政拘留的处罚决定被撤销,或者行政拘留处罚开始执行的,公安机关收取的保证金应当及时退还缴纳人。

第五章　执法监督

第一百一十二条　公安机关及其人民警察应当依法、公正、严格、高效办理治安案件,文明执法,不得徇私舞弊。

第一百一十三条　公安机关及其人民警察办理治安案件,禁止对违反治安管理行为人打骂、虐待或者侮辱。

第一百一十四条　公安机关及其人民警察办理治安案件,应当自觉接受社会和公民的监督。

公安机关及其人民警察办理治安案件,不严格执法或者有违法违纪行为的,任何单位和个人都有权向公安机关或者人民检察院、行政监察机关检举、控告;收到检举、控告的机关,应当依据职责及时处理。

第一百一十五条　公安机关依法实施罚款处罚,应当依照有关法律、行政法规的规定,实行罚款决定与罚款收缴分离;收缴的罚款应当全部上缴国库。

第一百一十六条　人民警察办理治安案件,有下列行为之一的,依法给予行政处分;构成犯罪的,依法追究刑事责任:

（一）刑讯逼供、体罚、虐待、侮辱他人的；

（二）超过询问查证的时间限制人身自由的；

（三）不执行罚款决定与罚款收缴分离制度或者不按规定将罚没的财物上缴国库或者依法处理的；

（四）私分，侵占，挪用，故意损毁收缴、扣押的财物的；

（五）违反规定使用或者不及时返还被侵害人财物的；

（六）违反规定不及时退还保证金的；

（七）利用职务上的便利收受他人财物或者谋取其他利益的；

（八）当场收缴罚款不出具罚款收据或者不如实填写罚款数额的；

（九）接到要求制止违反治安管理行为的报警后，不及时出警的；

（十）在查处违反治安管理活动时，为违法犯罪行为人通风报信的；

（十一）有徇私舞弊、滥用职权，不依法履行法定职责的其他情形的。

办理治安案件的公安机关有前款所列行为的，对直接负责的主管人员和其他直接责任人员给予相应的行政处分。

第一百一十七条 公安机关及其人民警察违法行使职权，侵犯公民、法人和其他组织合法权益的，应当赔礼道歉；造成损害的，应当依法承担赔偿责任。

第六章 附则

第一百一十八条 本法所称以上、以下、以内，包括本数。

第一百一十九条 本法自2006年3月1日起施行。1986年9月5日公布、1994年5月12日修订公布的《中华人民共和国治安管理处罚条例》同时废止。

参考文献

[1] 朱亚敏. 危及防范与应对 [M]. 南京：东南大学出版社，2008.

[2] 冼德庆. 平安校园——大学生安全教育案例选编 [M]. 广州：华南理工大学出版社，2007.

[3] 傅佩荣. 生命重心 [M]. 南昌：江西教育出版社，2007.

[4] 李洪渠，李友玉，洪贞银. 安全警示录 [M]. 武汉：武汉大学出版社，2007.

[5] 李晋东. 大学生安全教育教程 [M]. 西安：陕西师范大学出版社，2007.

[6] 赵升文. 大学生安全教育 [M]. 北京：高等教育出版社，2010.